민주주의
역사 공부 2

5·18민주화운동

민주주의
역사 공부 2

한홍구 지음

5·18민주화운동

창비

"우리들의 영원한 청춘의 도시"

5·18민주화운동에 대한 최고의 연구서인 『오월의 사회과학』(초판 풀빛 1999: 개정판 오월의봄 2012)의 서문에서 저자 최정운 교수는 이렇게 말했다. "외딴 섬나라 '광주'는 우리의 역사를 완전히 바꾸어놓았다. 이 변화의 원인과 과정을 이해하지 못하면 현대 한국사회를 이해하지 못한다. (…) 5·18은 모든 사람들에게 자신의 인생을 처음부터 되돌아보게 한다. 5·18은 우리 역사에서 하나의 사건이 아니라 우리의 역사를 다시 시작하게 만든 사건이며, 아울러 우리 모두에게 각자 새로운 역사를 시작하게 만드는 사건이다. (…) 5·18은 우리의 몸에서 출발하여 영혼을 일깨운 사건이었다."(개정판 20~26면)

"우리 모두에게 각자 새로운 역사를 시작하게 만드는 사건"이라는 말은 나에게도 그대로 적용된다. 1980년 5월 광주에서 일어난 일은, 그 당시 서울에 있었던 나로서는 상상도 하지 못했지만 지금 돌이켜보면 내 인생을 규정지은 사건이었다. 6월항쟁이나 2008년과 2016~17년 촛불도 내게 큰 감동과 울림을 주었지만, 나름 뜨겁게 참여했던 이 사건들이 내게 미친 영향과 내 삶을 서서히 바꾸어놓은 5·18을 비교할 수는 없다. 그때는 정말 몰랐다.

1980년 5월이 엊그제 같은데 벌써 40년이 지났다. 나에게, 우리 세대에게 5·18은 최정운 교수가 말한 바와 같이 엄청난 사건이었다. 그러나 40년이 흐른 오늘의 젊은이들에게도 과연 그럴까? 40년이라면 일제강점기 36년보다 더 긴 시간이다. 40년 전의 이야기를 꺼내는 것이 그 옛날 해방된 직후 젊은이들에게 대한제국 때 의병 하던 이야기를 늘어놓는 것과 무엇이 다를까? '라떼는 말이야…' 하며 옛날이야기를 하기보다는 이제부터 새로운 나라를 어떻게 세울 것인가를 같이 이야기해야 하지 않을까?

1987년 민주화와 1997년 정권교체 이후 민주정권 10년, 보수정권 9년을 거쳐 2016~17년 촛불로 재탄생한 민주정권은 지금까지 이렇다 할 개혁성과를 내지 못했다. 2019년 8월 정부는 조국 청와대 민정수석의 법무부장관 임명으로 검찰 개혁을 시작하면서 개혁의 돌파구를 마련하려 했다. 그러자 이른바 정치검찰과 수구 정치세력, 수구언론이 한 몸이 되어 결사적으로 조국 장관 일가의 비리를 파헤쳤다. 이 파렴치한 행태는 비난받아 마땅하지만, 1980년 5월 광주의 영향 아래 성장한 이른바 '86세대'나 그 조금 위의 '민주화운동세대'에게는 참으로 당혹스러운 현상이 전개되기 시작했다.

엄청난 수사력을 동원하고도 정치검찰은 조국 장관 일가의 범죄행위를 증명하는 데 실패할 것으로 보인다. 그러나 표창장의 진위 여부를 떠나서 젊은 세대들은 표창장을 받은 것 자체를

'엄마 찬스' '아빠 찬스'로 보았다. 이는 문재인 대통령이 공언한 "기회는 평등할 것입니다. 과정은 공정할 것입니다. 결과는 정의로울 것입니다"라는 말을 배반하는 것이었고, 조국 장관이 교수 시절 "어느 집안에서 태어났는가가 삶을 결정해버리는 사회, 끔찍하지 않습니까" 하고 공언했던 것을 떠올리게 만들었다. 조국이 무엇을 잘못했느냐, 검찰이 범죄 사실 하나라도 입증한 것이 있느냐는 반박 자체가 무의미해지는 상황이었다. 나름 치열하게 살아왔던 86세대나 민주화운동세대의 삶 자체가 그야말로 젊은이들에게 면이 안 서게 되어버렸다. 민주화운동세대는 이미 환갑이 지났고, 86세대도 이제 60 줄로 접어드는 마당에 그들의 젊은 시절 "우리들의 영원한 청춘의 도시"(김준태)라고 불렸던 빛고을 광주도 빛이 바래버리는 것이 아닌가 걱정된다. 광주 40년을 맞는 마음이 결코 편치 않다.

　1980년 5월 27일 새벽, 창문 너머로 다가오는 계엄군을 기다리며 마지막까지 도청을 지켰던 분들이 꿈꾸었던 대한민국은 어떤 모습이었을까? 40년이 지난 지금의 대한민국은 그분들이 꿈꾸었던 대한민국의 모습과 얼마큼 닮았고 얼마큼 다를까? 86세대나 민주화운동세대는 그날 도청에 남은 분들의 못다 한 삶에 죽을 때까지 책임을 져야 한다고 생각한다. 1980년대 질풍노도의 시대에 젊은 그들은 광주의 희생에 힘입어 기성세대를 저주하고 침 뱉고 타도하고자 했다. 40년이 지난 지금 그들에게 "사랑도 명예도 이름도 남김없이 한평생 나가자던 뜨거운 맹

세"(「임을 위한 행진곡」)는 얼마나 남아 있을까? 사랑도 명예도 이름도 돈도 권력도 모두 갖고자 하는, 기성세대라는 말로는 다 담기 어려운 기득권 세대가 되어버린 것은 아닐까? 어쩌면 그렇게까지 파렴치하게 살아온 것은 아닐지도 모른다. 친일 수구 기득권 세력처럼 남을 죽이고, 고문하고, 빼앗고, 나랏돈 빼먹으며 철옹성을 쌓지는 않았을 것이다. 그런데 어느샌가 우리 삶에서 광주의 새벽은 사라져버렸다.

언제나 세상은 젊은이들이 만들었다. 젊은 사람들은 처음부터 나라를 망칠 위치에 있지 않다. 세상을 망친 것은 기성세대였고, 망한 세상을 구하기 위해 동분서주한 것은 한줌의 늙은이들과 다수의 젊은이들이었다. 의병이 그랬고, 독립군이 그랬고, 분단을 막기 위해 피 흘렸던 사람들이 그랬다. 1960년 4월혁명도 젊은 피를 뿌렸고, 5월 광주도 마찬가지다. 1980년대 당시 젊은 세대의 한 사람으로서 더 좋은 세상을 지금의 젊은이들에게 넘겨주지 못한 것이 미안하지만, 세상은 원래 그런 것인지도 모른다.

창비에서 젊은 세대들이 1980년 5월 광주를 제대로 이해하기 위한 책이 필요하다며 내가 했던 강연과 유튜브를 정리하여 책을 내자고 했다. 광주에 대해서는 꼭 한번 책을 써야지 하는 마음만 앞설 뿐, 이것저것 벌여놓은 일 때문에 손대지 못하던 처지에 5·18 40주년을 강조하는 창비 편집부의 권유를 뿌리치지 못했다. 어차피 『반헌법행위자열전』 편찬이라는 큰 작업을 진행하는 동안 다른 연구나 저술을 할 수 없는 처지인지라 부족한 대로 강연을 모아 출판사가 의도한 대로 일반 역사 독자들이 스스럼없이 접근할 수 있는 경량화된 교양대중서를 내기로 했다. 출판사에서야 젊은 독자들이 많이 읽기를 바랐고, 나 또한 작업을 시작할 때 그런 욕심이었지만, 이 서문을 쓰다보니 조금 생각이 바뀌었다. 한때나마 광주를 "우리들의 영원한 청춘의 도시"라고 불렀던 사람들, 기꺼이 광주의 자식이라 불리기 원했던 50대 중반에서 60대 후반에 이른 나의 동년배들이 이 책을 읽고 마음 한구석에 지워져버린 광주의 자리를 복원해주었으면 하는 마음이 더 커졌다. 젊은 세대들에게는 1980년대 광주 그 자체의 이야기가 아니라, 광주가 그 당시 젊은이들로 하여금 인생을 다시 시작하게 만들었던 것처럼 그들의 삶을 바꿀 어떤 전기(轉機)가 필요한 것 아닐까? 대한민국 젊은이 모두의 마음 한곳에 평생 자신을 다잡아줄 계기가 있었으면 한다. 그것이 역사적 사건이든 개인적 사건이든 말이다. 1980년대는 참 험한 시대였지만 광주는 장엄했고 무등산은 우리를 품어주었고, 광주의 자식들은 뜨거웠다.

2020년 6월

한홍구

차례

5월 18일부터
27일까지

산 자의 기억

일러두기

1. 이 책은 맥락에 따라 5·18민주화운동을 '5·18민주화운동' '광주민중항쟁' '광주항쟁'으로,
   부마민주항쟁을 '부마민주항쟁' '부마민중항쟁' '부마항쟁'으로 표기했다.
2. 본문에 사용한 사진은 다음 기관에서 제공받았다.
   경향신문사: 17, 20, 39, 51, 61, 63, 72, 74, 79, 81, 87, 109, 110면
   5·18기념재단: 49, 112면
   부마재단: 19면
   동아일보사: 111면

무너지는 유신체제,
시간은 광주로

1

12·12사태와 전두환의 등장

1980년의 광주민중항쟁은 유신독재의 정점 박정희가 총에 맞아 죽은 뒤 유신체제를 해체하고 민주주의로 갈 것인가, 박정희 없는 박정희체제를 지속할 것인가를 두고 민중과 유신 잔당이 벌인 한판 승부였습니다. 그런데 박정희가 어느날 뜬금없이 총에 맞아 죽고, 광주의 시민들도 어느날 갑자기 봉기한 것일까요? 광주민중항쟁을 제대로 이해하기 위해서는 박정희 유신체제의 붕괴가 어디서부터 시작된 것인지 거슬러 올라갈 필요가 있습니다.

저는 1978년 12월 야당 신민당이 집권당 민주공화당을 득표율에서 앞서버린(의석수는 여당 승리) 제10대 국회의원 선거가 유신체제 붕괴의 시작이라고 생각합니다. 이것은 2016년 4월 제20대 총선에서 민주세력의 승리라는 예상 밖의 결과가 박근혜정권의 탄핵을 가져온 서막이었던 것과 아주 흡사합니다. 제10대 총선에서 야당이 여당에 앞선 것은 야당이 잘해서 얻은 결과는 아니었습니다. 제발 좀 잘하라고, 야당 노릇 좀 제대로 하라고 시민들이 밀어준 것이지요. 이 덕분에 신민당은 1979년 5월 김영삼을 새로운 당수로 뽑고 유신체제에 분명히 반대하는 '선명 야당'으로 거듭납니다. 이러한 야당의 쇄신이 없었다면 기층 민중과 재야와 야당이 하나로 만나는 1979년 8월의 'YH사건'은 일어나지 않았을 겁니다.

1970년대 후반까지만 해도 한국의 수출품 중 가발이 차지하는 비중이 대단히 컸습니다. 당시 한국 최대의 가발 수출업체이던 YH무역의 여성 노동자들이 경영 정상화와 노동자의 생존권 보장을 요구하며 농성을 벌였습니다. YH무역은 잘나가는 회사이긴 했지만 1970년대 들어 수출이 둔화되고 경영에 실패하며 내리막을 걷고 있었습니다. 그런 상황에서 YH무역의 사장은 노동조합과의 관계에서 골머리를 앓다가 아예 폐업 신고를 했습니다. 임금을 떼어먹고 노조도 없애려고 위장 폐업을 한 것이지요.

YH무역의 여성 노동자들은 어떻게든 회사를 살리기 위해 장기 농성을 벌였지만 사측도 정부 당국도 별다른 의지를 보이지 않았습니다. 이에 노동자들은 당시 야당인 신민당의 당사에서 농성을 벌였습니다. 신민당이 별 역할을 하지 않는 '어용야당'에 머물러 있었다면 노동자들이 야당 당사로 가지는 않았을 것입니다. 정부는 YH무역 사태가 점점 격화되자 8월 11일 새벽 경찰 1,000여명을 신민당사에 투입, 노동자들을 강제로 해산합니다. 그 과정에서 신민당 국회의원들과 기자들이 부상을 입었고, 노동조합 간부였던 김경숙이 경찰에 맞아 추락사한 일까지 벌어졌습니다. 당시 신민당 총재이던 김영삼도 경찰에 연행을 당했습니다.

YH사건이 왜 중요한가 하면 민주화운동 세력의 반유신 투

신민당사에서 농성하던 YH무역 노동자들이 경찰에 의해 강제 진압당하고 있다.

쟁의 도화선이 되었기 때문입니다. 사실 유신체제에 대한 거부
감은 사회 전반에 널리 퍼져 있었지만, 워낙 탄압이 심하다보니
1979년 상반기에는 대학가에서조차 유신 반대 시위가 일어나
지 못했거든요. 그 무거운 침묵을 여성 노동자들이 깬 것입니다.
YH사건이 유신정권 몰락의 직접적인 원인이라고 할 수는 없지
만, 10·26으로 이어지는 흐름의 시작을 찾아보면 분명 YH사건
이 있습니다.

YH사건 후 신민당은 물론 종교계·언론계·예술계·학계 등
에서 밀린 월급 달라는 여성 노동자들을 잔인하게 탄압한 유신
정권을 강하게 비판하는 목소리가 터져나왔습니다. 특히 격렬
하게 반발한 제1야당 신민당은 유신정권의 눈엣가시였지요. 그

래서 1979년 10월 유신정권은 김영삼이 『뉴욕타임스』와 나눈 인터뷰에서 미국이 박정희에 대한 지지를 철회해야 한다고 말한 것을 문제시하며 그의 의원직을 박탈했습니다. 제1야당 총재이자 원내 최다선 국회의원이 여당 주도의 국회 날치기 통과로 순식간에 의원직을 상실한 것입니다.

김영삼 제명 파동으로 민심은 더욱 거세졌습니다. 제명 십여일 후인 1979년 10월 16일, 김영삼의 정치적 기반인 부산에서 대규모 시위가 벌어졌지요. 처음에는 부산대 학생을 중심으로 유신정권을 규탄했는데, 시위대가 시내에 진출하면서 시민들이 합세하여 수만명으로 불어났습니다. 시위대는 이틀 동안 거의 부산을 뒤집어놓았어요. 당시 시위가 상당히 격렬해서 파출소나 구청, 세무서 같은 공공건물에 경찰차까지 파손되었습니다. 유신에 대한 어떤 비판도 금지했던 박정희 정권은 대규모 시위가 발생하자 정치적으로 민심을 달래는 대신 군을 동원하여 시위를 진압하기 위해 부산에 비상계엄을 선포했습니다. 공수부대가 부산에 투입되어 시위대 1,000여명을 연행했고 그중 66명이 군사재판에 회부되었지요. 공수부대가 투입되며 부산은 잠잠해졌지만 시위는 인근의 마산으로 번졌습니다. 마산에서도 대학생을 중심으로 시위가 일어나며 파출소와 방송국 등이 공격을 받았습니다. 이에 정부는 마산에도 군을 동원하는 위수령을 내리고 통제하게 됩니다. 여기서도 시위대 500여명이 연행되고 그중 59명이 군사재판에 회부되었습니다. 부산과 마산에서 벌어

1979년 부마민주항쟁 시위 현장(부산 광복동).

진 이 일련의 사건을 '부마민주항쟁'이라고 부릅니다.

　　1975년 중앙정보부 대공수사국장으로 있던 김기춘이 조작한 재일동포 간첩사건으로 부산대 학생운동이 초토화된 이후, 부산대에서는 5년 동안 시위가 없었습니다. 박정희의 최측근이었던 '피스톨 박' 박종규 소유의 경남대에서는 유신 반대는커녕 오히려 유신 지지 시위가 벌어진 일도 있었습니다. 부산대와 경남대의 학생들은 이런 사실을 매우 부끄러워했지요. 그런 맥락이 부산 지역의 항쟁에 영향을 주었을 것입니다. 이렇게 평범한 사람들의 부끄러움이 역사를 바꾸는 원동력이 됩니다.

　　정부가 마산에 위수령을 선포한 것이 1979년 10월 20일입니다. 그로부터 일주일이 채 지나지 않은 10월 26일, 모두가 알

박정희를 저격한 김재규가 현장검증에서 당시 상황을 재연하고 있다.

듯이 박정희 대통령이 최측근의 총에 살해당하는 일이 벌어집니다(10·26사건). 18년 동안이나 대한민국을 철권통치하던 박정희가 오른팔이나 다름없는 중앙정보부장 김재규의 총에 살해당했지요.

김재규는 스스로 권력을 장악하기 위해 박정희를 쏜 것이 아니었습니다. 유신체제의 버팀목 노릇을 한 중앙정보부의 수장이 자유민주주의를 위해 박정희를 제거했다고 하면 이상하게 들리겠지만, 인간 김재규는 자신의 거사를 분명 민주혁명으로 인식했습니다. 그가 박정희와 차지철 경호실장을 제거한 직접적이고 다급한 이유는 이후 광주에서 벌어진 일과 같은 대규모 유혈사태를 막기 위해서였습니다. 부산에서 대규모 시위가 발생하자 중앙정보부장 김재규는 현지에 가서 민심을 파악했습니다. 김재규는 이런 반유신 시위가 전국에서 일어날 수 있다고 보면서, 박정희에게 유신헌법 철폐와 같은 특단의 조치를 건의했지요. 박정희는 이를 거부하고 시위가 더 격해지면 발포하겠다고 한 것입니다. 4·19 때와는 달리 대통령이 직접 발포명령을 내리겠다고 했습니다. 차지철은 한술 더 떠 캄보디아의 킬링필드 사태를 거론하며 100만명쯤 탱크로 밀어버리자 했지요. 대규모 유혈사태가 불가피해 보였습니다. 대한민국에서 정보를 가장 많이 가진 중앙정보부장으로서 엄청난 희생을 막을 수 있는 길은 박정희 제거밖에 없다고 결론 내리게 된 것이지요.

김재규는 박정희의 제거에는 성공했으나 그 뒤의 상황에서 자신이 생각한 민주혁명을 추진하지 못했습니다. 박정희가 제거되고 중앙정보부가 민주주의로의 이행을 추진하면 민주화가 될 것이라 좀 쉽게 생각했다고 할까요? 10·26사건 자체가 유신체제의 권력에 커다란 공백을 가져온 것은 사실이었으나 그는 유신 잔당의 집요한 힘을 경시했습니다.

10·26사건 현장에는 대통령, 중앙정보부장, 대통령 경호실장과 비서실장, 다시 말해 유신체제의 실질적 권력 서열 1~4위가 모두 모여 있었습니다. 그런 자리에서 서열 2위인 중앙정보부장이 1위 대통령과 3위 경호실장을 쏴 죽였지요. 상황을 보면 당연히 4위는 2위와 손잡은 게 아니냐 의심이 들 수밖에 없습니다. 결국 2위 김재규는 사형당했고, 4위인 비서실장 김계원은 사형 선고를 받았다가 무기징역으로 감형을 받고 나중에 사면되었지요. 어쨌든 순식간에 유신 권력의 최상부가 전부 없어졌습니다.

박정희가 갑자기 세상을 떠난 직후 국무총리이던 최규하가 대통령 권한대행을 맡습니다. 그러고는 곧장 제주도를 제외한 전국에 비상계엄을 선포합니다. 부마민중항쟁으로 부산에만 내려졌던 비상계엄이 확대된 것이지요. 그런데 왜 제주도는 제외했을까요? 제주도까지 포함하면 전국에 비상계엄이 내려지는 셈인데, 전국계엄 상황에서는 계엄사령관이 대통령의 지휘감독을 받게 됩니다. 그런데 대통령 유고 상황이니 쉽게 말하면 군부가 나라 전체를 좌지우지할 수 있는 것이지요. 하지만 전국계엄이 아니라면 계엄사령관은 국방부장관의 지휘를 따라야 합니다. 즉 내각이 계엄사무에 개입할 수 있다는 뜻이지요. 그 때문에 제주도는 계엄에서 제외한 것입니다.

어쨌든 계엄사령부가 꾸려졌는데 계엄사령관에는 육군참모총장 정승화, 10·26사건을 수사하는 합동수사본부장으로는 국군보안사령관 전두환이 취임합니다. 육군참모총장과 국군보안사령관은 군사독재인 유신체제에서 권력 서열 5위와 6위였다고 할 수 있습니다. 1~4위가 사라지니 5, 6위가 전면에 등장한 것이지요. 최규하가 대통령 권한대행을 맡았지만 허수아비였고, 다른 권력기관들이 무력화되자 군부의 영향력이 막강해졌습니다. 유신 시대가 막을 내리고 민주화를 요구하는 사람들과 기득권을 유지하려는 세력이 서로 충돌하며 정치적인 혼란이 일어나자 그 틈을 타고 다시 군부가 나선 것입니다. 역설적인 상황이었지요.

전두환은 이미 10·26사건 전부터 육군 제1사단장과 국군보안사령관을 맡는 등 박정희의 총애를 받는 군의 실세였습니다. 권력 서열 6위였지만 군내 인물이기 때문에 잘 알려져 있진 않았는데, 박정희가 죽은 뒤에는 대중적인 인지도까지 얻게 되었습니다. 합동수사본부장으로서 10·26사건에 대해 발표하는 역할을 맡았기 때문이죠. 전두환은 아주 험상궂은 표정으로 방송에 나와 브리핑을 했고, 사람들은 '저건 대체 누구지?' 하고 주목하게 된 것이지요.

같은 영남군벌이지만 구세력을 대표하는 정승화와 정규육사 1기라 자부하는 육사 11기 중심의 신군부 리더인 전두환은 사실 양립할 수 없는 관계였습니다. 둘 중 한명만 살아남을 수 있었지요. 정승화가 보기에 전두환은 야심이 지나치기 때문에 가만두어서는 안 되는 인물이었습니다. 게다가 전두환을 중심으로 똘똘 뭉친 소장파 정치군인들의 존재도 견제해야 했지요. 그래서 정승화는 10·26 직후 지금은 없어진 동해경비사령관으로 전두환을 발령하려 했습니다. 한마디로 변두리에 좌천시키려 한 것이지요. 그런데 전두환이 있던 보안사령부가 무슨 일을 하는 곳입니까? 군부 쿠데타 방지를 주 임무로 하며 매일 주요 지휘관들의 교신 내용을 감청하는 곳 아닙니까? 정승화의 계획을 미리 알게 된 전두환이 선수를 칩니다. 바로 유명한 12·12사태입니다.

계엄사령관 정승화에게는 약점이 하나 있었습니다. 10·26사건 당일에 사고 현장에 있었다는 사실입니다. 김재규가 불러서 사고 현장인 궁정동 안가에 간 것이었는데 같이 밥을 먹기로 되어 있었다고 합니다. 김재규와 정승화는 본래 가까운 사이였기 때문에 이런 상황을 보면 둘이 대통령 암살을 공모한 것이 아닌지 의심받을 만했지요. 그런데 정승화는 곧 무혐의 처분을 받습니다. 왜냐하면 정승화가 사건 직후 김재규를 육군본부로 데려갔기 때문입니다. 원래 김재규는 중앙정보부로 가려 했는데 정승화가 비상상황이고 병력을 지휘해야 하니 육군본부로 가자고 했다 합니다. 김재규는 그 제안을 별생각 없이 받아들였고, 결국 육군본부에서 박정희 살해범으로 체포됩니다. 만약 김재규가 그날 계획대로 자신이 장악하고 있는 중앙정보부에 갔다면 우리 현대사가 어떻게 바뀌었을지 모릅니다. 이렇게 전두환은 자신이 직접 정승화가 무혐의라고 발표해놓고선 본인이 궁지에 몰리자 다시 정승화의 약점을 물고 늘어졌습니다. 의혹을 구실 삼아 정승화를 계엄사령관에서 끌어내리려고 했습니다.

전두환과 그를 따르는 군내 사조직인 하나회를 중심으로 하는 신군부 세력은 1979년 11월부터 군을 장악할 계획을 세웠습니다. 그중에는 전두환의 뒤를 이어 대통령을 지낸 노태우도 있었지요. 같은 해 12월 12일, 전두환은 그 며칠 전 간접선거로 대통령에 취임한 최규하에게 정승화의 체포를 허락해달라고 요청합니다. 최규하는 당연히 거절했지요. 하지만 같은 시각, 전두환의 지시를 받은 부하들은 이미 정승화 체포에 나서고 있었습니다. 총격전 끝에 정승화는 보안사령부로 연행됩니다.

신군부 세력의 폭거에 반발하는 군인들도 있었습니다. 3군사령관 이건영 중장, 수도경비사령관 장태완 소장, 특전사령관 정병주 소장 등이 원상 복귀를 주장했지요. 하지만 신군부 세력은 이들에게도 하극상을 저질러 제압했습니다. 상황이 이렇게까지 되자 최규하도 전두환의 요청을 받아들일 수밖에 없었지요. 이미 저지른 뒤니 요청이라고 할 수도 없긴 합니다.

정승화는 보안사령부로 연행되어 극심한 고문을 받았고 재판에서는 징역 10년형을 선고받았습니다. 그리고 이등병으로 강제 예편되었지요. 별 4개를 달고 있던 사람이 순식간에 몰락한 것입니다.

그런데 계엄사령관이나 되던 정승화가 왜 그렇게 속수무책으로 당했을까요? 심지어 정승화는 보안사령부의 전신인 방첩부대장 출신이었는데 말입니다. 박정희는 자신이 쿠데타로 집권했기 때문에 역으로 군사 쿠데타를 막는 데 심혈을 기울였습니다. 정승화는 쿠데타를 막는 핵심인 방첩부대를 맡았던 인물이므로 쿠데타에 대해서는 전문가였지요. 그런데도 왜 그렇게 12·12 때는 속절없이 당했는가 물어보니 나중에 대략 이렇게 답했습니다. '대한민국에 쿠데타 방지 시스템이 잘 갖춰진 건 사실이다. 그런데 그 방지 기관의 책임자가 쿠데타를 일으키니 대책이 없더라.'

유신체제를 거치며 당시 보안사령부는 유례가 없을 정도로 막강한 권한을 지니게 되었습니다. 게다가 보안사령부는 박정희가 살해당한 후 '역적기관'이 된 중앙정보부를 장악했습니다. 또한 비상계엄이 선포되면서 합동수사본부가 꾸려졌고 검찰과 경찰이 보안사령부 아래로 들어왔지요. 본래 보안사령부만 해도 막강한데 중앙정보부에 검찰과 경찰까지 거느리게 되었으니 얼마나 강해졌겠습니까. 그런 보안사령부에서 쿠데타를 일으켰으니 저항할 도리가 없었던 것입니다.

12월 13일 노재현 국방부장관은 이희성 육군 대장을 새로

12·12사태를 주도한 군부 사조직 '하나회' 단체사진. 촬영 현장에 없었던 사람을 합성해 넣기도 했다.

운 육군참모총장과 계엄사령관으로 임명했습니다. 하지만 대통령이나 국방부장관이 새로운 계엄사령관을 고른 것은 아니었습니다. 사실상 전두환이 직접 지목했지요. 그날 보안사령부 앞에서 전두환 일당이 다 같이 사진을 찍었습니다. 그 사진에 전두환, 노태우, 차규헌 수도군단장 등등이 모두 등장합니다. 제가 『반헌법행위자열전』편찬 작업을 하고 있는데, 자료를 보다보면 사실 누가 더 크게 반헌법적인 행위를 했는지 정하는 게 쉽지는 않습니다. 1961년 5·16군사반란도 그렇고 뒤에 이야기할 5·17 비상계엄 확대조치도 그렇고, 관련된 자들이 수십명씩 있어서 쉽지 않은데, 12·12사태는 이 사진 덕분에 예외입니다. 서열 순서대로 주모자들의 사진을 찍어두어서 한눈에 관계가 드러나지요. 이들은 모두 제5공화국의 실세가 됩니다.

혹시 '셀프 진급'이라는 말 들어보셨습니까? 이 당시에 나온 말입니다. 앞서 언급한 장태완, 정병주 등 쿠데타에 참여하지 않은 수많은 장군들이 우수수 떨어져 나가지 않았습니까? 그렇게 물러난 장군들의 자리를 전두환 일당이 승진하여 차지합니다. 사실상 자기들끼리 진급을 시켜준 것이지요. 가장 우스운 일은 전두환이 불과 1년도 안 되는 기간에 소장에서 대장으로 2계급 승진한 것입니다. 대장이 되고 며칠 뒤에는 전역을 했지요. 항간에 '셀프 진급'에 대한 비판이 널리 퍼져서인지, 신군부에서는 최규하가 전두환에게 대장 계급장을 달아주는 사진을 공개하기도 했지요. '셀프 진급'이 아니라고요.

당시 최규하가 쿠데타 세력에 적극적으로 부역했다고 보기는 어렵습니다만, 그렇다고 최규하에게 잘못이 없다고 할 수는 없습니다. 최규하는 당시 정부에서 가장 높은 위치에 있었으며 쿠데타를 막을 의무가 있고 그럴 권한도 있는 유일한 사람이었지만 아무것도 하지 않았습니다. 저는 우리 역사에서 해야 할 일을 하지 않는 것이 얼마나 큰 죄가 될 수 있는지 보여주는 중요한 사례가 1980년의 최규하, 그리고 2014년 세월호사건 당시의 박근혜라고 생각합니다. 그 때문에 최규하는 아주 높은 순위로 반헌법행위자에 포함하려고 합니다.

이런 상황에 빗대어 만들어진 웃지 못할 놀이가 있습니다. 요즘도 고스톱을 즐기는 분들이 많지만 이때는 고스톱이 거의 국민 오락이었습니다. 세명만 모이면 항상 고스톱을 쳤다고 해도 과언이 아니지요. 고스톱의 큰 재미 중 하나는 규칙을 마음대로 바꿀 수 있다는 것입니다. 그래서 각 지역마다 조금씩 규칙이 다르기도 한데요, 그중 '전두환 고스톱'이라는 것이 있습니다. 고스톱에 '싹쓸이'라는 규칙이 있는데, 판에 깔린 화투를 모두 먹으면 다른 사람들의 피를 한장씩 뺏는 것입니다. '전두환 고스톱'은 이 싹쓸이 규칙이 좀 달라서 다른 사람의 피가 아니라 내가 원하는 것을 뺏을 수 있었습니다. 광이든 청단이든 홍단이든 자기 마음대로 화투를 빼앗아 엄청난 점수를 낼 수 있었지요. 쿠데타로 실권을 장악한 전두환에게 딱 어울리는 규칙이지 않습니까? 그와 더불어 '최규하 고스톱'이라는 것도 생겨났습니다. '최규하 고스톱'에서는 내가 싹쓸이를 하면 화투를 뺏는 것이 아니라 다른 사람들에게 피를 한장씩 주어야 합니다. 이 역시 절묘한 규칙이지요. 당시에 이런 화투를 치며 사람들은 낄낄거렸습니다. 중요한 역할을 맡은 이가 아무것도 하지 않은 게 얼마나 큰 죄인지를, 민중은 놀이를 통해 조롱한 것입니다.

12·12사태보다 조금 앞선 1979년 11월, 최규하는 유신헌법을 새로운 헌법으로 개정하는 데 1년 정도 시간이 걸린다고 발언했습니다. 그러니 일단은 유신헌법으로 대통령을 선출하고 그 과도정부가 정상적인 헌법을 만들어야 한다고 했는데, 너무나 문제가 많은 주장이었지요. 사실 간단하게 생각하면 유신헌법 이전의 제3공화국 헌법으로 돌아가는 방법도 있었습니다. 물론 제3공화국 헌법도 따지고 들면 비판할 점이 많지만 유신헌법보

다는 낫지 않겠습니까? 게다가 그전 4·19혁명 당시 허정 과도정부는 새 헌법을 마련하고 총선을 치르는 데 석달밖에 걸리지 않았는데, 1년이 필요하다니 말이 되지 않지요. 신속하게 처리하자면 자연스럽게 민주주의 체제로 연결될 텐데 유신 잔당이 박정희 없는 유신체제를 유지하려고 기회를 노리다보니 시간을 끌었던 것이지요. 이처럼 최규하가 지나치게 시간을 벌어준 탓에 결국 전두환에게 좋은 일만 해준 꼴이 되었습니다. 최규하가 어영부영하지 않고 당시 반유신세력의 의견에 귀를 기울여 적극적으로 헌법 개정과 총선을 진행했다면, 그래서 신군부가 정권을 잡지 못했다면, 우리 역사는 어떻게 변했을까요? 역사에 가정은 없다고 하지만 못내 아쉽기만 합니다.

우리는 12·12사태의 주모자들에 주목하곤 합니다. 워낙 우리 현대사에서 중요한 사건이다보니 어쩔 수 없긴 하지요. 하지만 잠시라도 희생당한 이들을 기억해보았으면 합니다. 12·12사태는 군부의 주도권을 둘러싸고 벌어졌기 때문에 주로 군인들이 희생되었습니다. 정승화를 연행하는 과정에서는 일반 사병들이 총격에 희생되었고, 영관과 장성 중에도 목숨을 잃거나 인생이 뒤집힌 이들이 있었지요. 당시 특전사령관 비서실장은 김오랑 소령이었습니다. 쿠데타 과정에서 전두환 일당이 특전사를 제압하러 오자 끝까지 저항하다 총격에 목숨을 잃어 나중에 중령에 추서되었습니다. 아군의 총에 맞아 눈을 감은 비운의 군인이지요. 김오랑 중령이 모시던 특전사령관 정병주 장군은 강제로 예편을 당한 뒤 오랫동안 12·12사태의 부당성을 주장했습니다. 그러다 1989년 야산에서 목을 매어 죽은 채 발견되었지요.

장태완

당시 수도경비사령관 장태완 장군 역시 전두환 일당에 저항하는 바람에 인생이 뒤바뀌었습니다. 강제로 군을 떠나야 했고 한참 동안 가택 연금에 가까운 생활을 했지요. 장태완 장군은 그나마 시간이 흘러 국회의원에 당선되고 재향군인회를 이끌기도 했으니 명예를 회복한 것 아니냐고 하는 사람들도 있습니다. 그런데 저는 그렇게 보지 않습니다. 12·12사태가 장태완 일가에 끔찍한 비극을 일으켰기 때문입니다.

장태완 장군의 부친은 시골의 평범한 농부였습니다. 수도경비사령관이 어떤 자리입니까? 조선시대로 치면 어영대장쯤 되지 않겠습니까? 장태완 장군의 부친은 아들이 대단히 출세했다고 매우 기뻐하며 자랑스러워했다고 합니다. 그랬는데 아들이 갑자기 역적이 되어 잡혀가니까 아예 곡기를 끊고 돌아가셨습니다. 설상가상으로 2년 후에는 그의 아들이 행방불명되었습니다. 12·12 사태 당시 고등학생이다가 1981년에 대학에 갔는데 공부를 아주 잘해서 명문대에 수석으로 입학한 수재였다고 합니다. 그는 자신의 할아버지, 장태완 장군의 아버지 묘 옆에서 발견되었습니다. 얼어 죽은 채였지요. 이렇게 비극을 겪었음에도 장태완 장군은 복권된 뒤에 김대중 대통령과 손잡고 민주화에 중요한 역할을 맡았습니다. 그런데 장태완 장군이 2010년 세상을 떠나고 얼마 지나지 않아 부인까지 스스로 목숨을 끊었으니 참으로 일가의 운명이 가혹합니다.

짧았던 서울의 봄

시계를 잠시 12·12사태 전으로 되돌리겠습니다. 12월 6일, 정식으로 대통령에 취임한 최규하는 상징적인 조치를 취합니다. 바로 긴급조치 9호를 해제한 것입니다. 긴급조치 9호의 내용을 간단하게 요약하면 '정부에 대한 일체의 비판을 금지하는 것'이었습니다. 집회나 시위는 물론이고 신문과 방송 등 언론에서도 정권을 비판할 수 없게 만들었는데, 혹 이를 어길 경우에는 영장 없이도 압수·체포·구속을 할 수 있었습니다. 명백한 위헌이었는데 무려 4년 동안이나 지속되며 전 국민을 옥죄었지요.

긴급조치 9호 해제가 왜 중요하냐면 이 조치가 개헌조차 논의할 수 없도록 막았기 때문입니다. 당시에는 개헌이라는 단어를 입 밖에 꺼내기만 해도 헌법 질서를 어지럽히는 것으로 간주했습니다. 최규하 대통령 취임 직후 긴급조치 9호를 해제함으로써 개헌을 약속하고 정치적 탄압을 완화했습니다. 박정희 사후 민주화에 목말랐던 이들에게는 드디어 첫걸음을 내디딘 것으로 받아들여졌지요. 실제로 긴급조치 때문에 아무런 활동을 하지 못하던 인사들이 복권되었고 조만간 새 헌법을 바탕으로 한 선거를 통해 민주정부가 들어설 것이라는 기대가 팽배해졌습니다.

하지만 12·12사태를 통해 신군부가 실질적인 정권을 잡으면서 민주화 일정의 앞날이 불투명해집니다. 계엄사령관까지 자기 마음대로 임명한 전두환은 차근차근 집권하기 위한 준비에 나섭니다. 보안사령부에 정보처를 신설하고 이른바 'K-공작계획'이라는 언론 장악 계획을 실행하며 여론까지 자신들에게 유리하게 바꾸려고 했지요. 훗날 국방부 과거사진상규명위원회에서 당시 K-공작계획을 공개했는데, 그 계획의 목적은 '단결된 군부의 기반을 주축으로 지속적인 국력 신장을 위한 안정 세력을 구축함'이었고, 그 방침은 '오도된 민주화 여론을 언론계를 통하여 안정세로 전환'하는 것이었습니다. 이 짧은 내용만 봐도 언론 통제가 얼마나 극심했을지 짐작이 되지요. 이러한 언론 통제는 다음해 5월 광주에서 일어난 일이 제대로 보도되지 못한 데도 영향을 미쳤습니다.

전두환은 1980년 4월에 중앙정보부장 서리에도 취임합니다. 임명을 받았다기보다는 자신이 원한 자리에 앉았다고 보아야 합니다. '전두환 고스톱'처럼 말이지요. 결국 보안사령부에 이어 중앙정보부까지 국내의 모든 정보기관이 한 사람 손에 들어갔습니다.

여기까지 읽고 나면 한가지 의문이 떠오를 겁니다. 박정희 사후 민주화를 원하는 목소리가 터져나왔을 텐데, 특히 학생들이 앞장섰을 듯한데 아무런 저항이 없었던 것일까요? 실제 박정희 사후 대학가에는 많은 변화가 일어났습니다. 긴급조치 9호가 해제되며 유신에 비판적이라는 이유로 해직되었던 교수들이 학교로 돌아왔고 학생회도 부활했지요. 다만 12·12사태가 방학에 들어가는 시점에 터진 게 문제였습니다. 전두환이 그 시점을 의도했는지는 모르지만, 방학에 돌입한 직후라 대학가에서는 신군부를 규탄하는 대규모 시위가 곧장 벌어지지 못했습니다. 개학을 한 1980년 3월부터는 거의 매일 시위가 일어났지요.

당시 학생 시위는 학원민주화를 목표했습니다. 곧바로 민주화투쟁을 벌이기에는 유신시대의 엄혹한 탄압으로 학생들의 역량이 제대로 조직되지 않은 상태였기 때문이지요. 학원민주화 투쟁에서는 주로 사립대학의 족벌식 운영 타파, 어용교수 퇴진 등을 구호로 내세웠습니다. 특히 어용교수 퇴진에 대해서는 당시 김옥길 문교부장관도 "국가의 장래를 위해 바람직하지 않은 것임을 알면서도 당장의 이익을 위해 행동한 교수들은 양심에 물어 물러나야 한다"라며 학생 시위에 힘을 실어주었습니다. 학원민주화 시위는 4월 말까지도 이어졌습니다. 어용교수 퇴진 뿐 아니라 총·학장 사퇴, 재단비리 척결, 학내언론 자유 요구 등 주장도 다양했지요. 교내에서 농성하는 학교가 있는가 하면 임시 휴강을 한 곳도 있었습니다. 학생들의 요구에 호응하여 교수들이 나서기도 했습니다. 4월 24일 서울에 소재한 대학의 교수 360여명이 학원민주화를 요구하는 성명을 발표한 것입니다. 교수들 역시 대학의 족벌식 운영을 비판하고, 재임용 제도 철폐, 교수협의회 구성 등을 요구했습니다. 이렇게 4월까지만 해도 대학가의 투쟁은 주로 교내 문제에 중점을 두고 있었습니다. 신군부를 규탄하고 비상계엄을 해제하길 요구하기도 했지만 본격적인 정치투쟁과는 거리가 있었지요.

그런데 병영집체훈련 거부 투쟁이 일어나면서 학생운동의 방향이 전환되기 시작합니다. 유신정권 시기에는 대학교 1학년생들이 의무적으로 군대에 들어가 열흘 동안 병사처럼 군사훈련을 받아야 했습니다. 굉장히 불합리한 훈련이었지요. 유신체제가 막을 내린 1980년에는 이러한 병영집체훈련을 거부하는 목소리도 높아졌습니다. 4월 초에 집체 대상이었던 성균관대에서 거부가 시작되었고 다음 차례인 서울대, 서강대 등에서도 훈련을 거부하는 시위가 이어졌지요.

5월 2일 서울대에서 비상총학생회가 열렸는데 무려 1만 명이 넘는 학생들이 참여했습니다. 서울대 학생들은 그 자리에서 병영집체훈련 반대 투쟁을 계속할지, 아니면 그 투쟁을 철회하고 유신 잔당 퇴진, 비상계엄 해제 등 본격적인 정치투쟁에 나설지를 토론했습니다. 그 결과 1학년생들은 군사훈련에 참여하고 나머지 학생들은 본격적인 정치투쟁에 나서기로 결의했습니다. 서울대 총학생회의 노선 전환은 다른 학교들에도 영향을 미쳤고, 5월 초부터 각 대학에서는 본격적인 정치투쟁이 벌어졌습니다.

다만 정치투쟁에 나서기로 했다고 해서 당장 교문 밖으로 뛰쳐나간 것은 아니었습니다. 오히려 학교 밖으로 나가길 주저

했지요. 여러 이유가 있었지만 자칫 교외에서 시위를 벌였다가 폭력사태로 번지면 비상계엄 해제를 요구할 명분이 사라지고 신군부에게 기회를 줄지도 모른다는 우려가 있었습니다. 실제로 5월 9일 고려대에서 전국 23개 대학 총학생회장들이 모여 회의를 열었는데 당분간 비폭력적인 방법으로 교내에서만 시위를 하자는 방침을 세웠습니다. 다만 그 방침이 오래가지는 못했습니다.

5월 13일, 연세대를 비롯한 6개 대학 학생들 수천명이 서울 중심가로 나섰습니다. 드디어 학생 시위가 거리로 나선 것이지요. 그날 밤 다시 전국 대학의 총학생회장들이 고려대에 모여 회의를 했는데 이번에는 다 같이 거리로 나가 싸우자고 결의했습니다. 이튿날인 5월 14일에는 서울을 비롯한 전국 주요 도시의 학생들이 거리로 나와 시위를 벌였습니다. 최근에 우리가 직접 경험했던 촛불시위 규모에 비할 바는 아니지만 엄연히 비상계엄 상황이었다는 점을 고려하면 상당한 규모였습니다.

문제의 1980년 5월 15일은 많은 분들이 기억하시리라 짐작합니다. 이른바 '서울역 회군'이 있던 날이지요. 저도 그날 서울역 앞에 있었습니다. 아마 자료 사진 한구석에 저도 있지 않을까 싶습니다. 5월 15일에는 그때껏 가장 많은 학생들이 거리로 나섰습니다. 서울에서는 35개 대학, 지방에서는 24개 대학 학생들이 거리로 나왔지요. 서울에서는 학생들이 서울역 광장으로 집결했습니다. 정확한 집계는 알 수 없지만 7~10만명 정도가 서울역 앞에 모였던 것 같습니다.

수만명의 학생들은 서울역 광장에서 "유신 잔당 물러가라!
전두환·신현확 물러나라!* 비상계엄 즉시 해제!"라고 외쳤습
니다.

많은 학생들이 서울역 광장에 모인 것까지는 좋았는데 문
제는 그 뒤의 일을 치밀하게 계획하지 않았다는 것이었습니다.
심지어 지도부가 예상한 것보다 많은 인원이 모여서 과연 이대
로 시위를 진행하면 통제할 수 있을지 우려되기도 했지요. 시위
대는 같은 자리에서 계속 농성할지, 아니면 진군할지, 아예 적당
히 시위하다 해산할지를 두고 격론을 벌였습니다. 그러던 시점
에 공수부대가 투입될 것이라는 소문이 돌기도 했지요. 격론 끝
에 지도부는 안전하게 학교로 돌아가는 것을 보장받는 조건으
로 해산을 결정했습니다. 서울역에서 회군한 것이지요.

당시 서울역 회군에 결정적인 역할을 한 이가 서울대 총학
생회장이었던 심재철과 서울대 학생처장이었던 이수성입니다.
심재철은 알다시피 MBC 기자를 거쳐 한나라당, 새누리당, 자유
한국당 국회의원이 되었고, 이수성은 서울대 총장을 거쳐 총리
까지 지냈지요. 그날 서울역 앞에는 이들뿐 아니라 유시민, 이해
찬, 김부겸 등 이름이 널리 알려진 정치인들이 많았습니다.

---

* 신현확은 당시 국무총리로 소위 TK의 맹주라고 불리던 인물이다. 유신체제 주요 인물 중
하나로 비판받을 여지가 있지만 전두환의 쿠데타에는 협조하지 않아 신군부가 정권을 잡
는 데 책임이 있다고 하기는 어렵다.

1980년 5월 15일 서울 지역 대학생들의 대규모 시위 당시 서울역 앞.
시위대는 이곳에서 해산했다.

서울역 회군에 대해서는 아직도 아쉬워하는 의견들이 많습니다. 사실상 민주화를 이루기 위한 마지막 기회였으며 당시 회군하지 않고 더 농성했더라면 광주에서 벌어진 비극도 막을 수 있지 않았겠느냐는 것이지요. 그렇다면 그렇게 많은 학생들이 모였는데 왜 하루도 버티지 못하고 해산했을까요? 그 이유에 대해서는 많은 해설이 있지만 명확하고 단일한 이유라고 할 만한 것은 없습니다. 여러 이유가 복합적으로 얽힌 것이겠지요. 다만 당시 현장에 있었던 이로서 제가 말하고 싶은 점은 부마민중항쟁 등과 비교해 상황이 전혀 달랐다는 것입니다.

부마민중항쟁은 학생들의 시위로 시작했지만 이내 시민들에게로 들불처럼 번져갔습니다. 학생과 시민이 유신체제를 무너

뜨려야 한다는 대의에 공감하며 함께 힘을 합쳤지요. 그런데 서울역 회군 당시는 공식적으로 유신체제가 무너진 뒤였고 박정희도 없었습니다. 전두환을 필두로 한 신군부가 있었지만 그들은 아직 전면에 등장하지 않은 채 뒤에서 권력을 손에 넣을 공작을 벌이고 있었습니다. 최규하도 미적미적해서 불만족스럽긴 했지만 공공의 적이라고 하기에는 어려웠지요. 게다가 당시 경제가 어려웠다는 점도 고려해야 합니다. 당장 눈앞에 먹고사는 문제가 버티고 있으니 시민들이 학생 시위에 공감하기 어렵지 않았을까 생각합니다. 더군다나 보수세력과 외신은 북한의 남침 위협을 떠들며 불안을 고조시켰습니다.

저도 그때 학우들과 함께 학교부터 시청 앞 광화문까지 두 시간 정도 걸어서 갔습니다. 그때 주로 외친 구호는 물론 "유신잔당 물러가라, 비상계엄 해제하라"였고, 그다음으로 많이 외친 구호는 "민주시민 동참하라"였습니다. 그만큼 시민의 참여가 절실했던 것이지요. 그런데 제가 경험한 바로는 두시간 동안 단 한 명의 시민도 시위대에 합류하지 않았습니다. 제가 보지 못했을 수도 있지만 그렇다 해도 결코 많은 시민이 동참하지는 않았을 것입니다. 그렇게 시민들이 냉담하니 학생들 힘만으로 뚜렷한 결과를 내기는 어렵다고 지도부는 생각하지 않았을까 싶습니다. 누군가는 전두환이 아무리 포악해도 서울역에 군대를 투입하지는 않았을 것이라고 하는데, 저는 그렇게 생각하지 않습니다. 당시는 엄연히 비상계엄 상황이었으니 어떻게든 대응했을 것이라고 봅니다.

10·26 이후 서울역 회군에 이르기까지를 이른바 '서울의 봄'이라고 합니다. 1968년에 있었던 체코슬로바키아의 '프라하의 봄'에 빗댄 것이지요. 그러나 저도 서울 태생이긴 하지만, '서울의 봄'이라는 말처럼 서울 중심적인 말도 없다고 생각합니다. 사실 흔히 '서울의 봄'이라 불리는 일련의 과정은 1979년 10월 부산과 마산에서 시작되어 10·26 이후 한동안 서울이 중심무대가 되었다가 1980년 5월 광주에서 비극적으로 마무리되었지요.

아쉽게도 '서울의 봄' 역시 덧없이 끝나고 한국현대사는 다시 깊은 어둠에 잠겼습니다. 서울역 회군 문제는 1980년대에 이른바 '무림-학림 논쟁'*에서 당시 학생운동 비주류였던 학림 측이 주류였던 무림 계열을 비판하면서 제기되었고, 이 문제는 40년이 흐른 최근까지도 논란이 되었습니다. 2019년 5월 자유한 국당 의원 심재철이 느닷없이 당시 유시민이 동지를 밀고했다고 비난하면서 서울역 회군 문제도 덩달아 입길에 오른 것입니다.

* '무림'은 유신 말기 서울대 학생운동권이 비공개학회 중심으로 재편되면서 만들어진 비공개학회의 은밀한 네트워크였고, 1980년 12월 지하유인물 사건 수사과정에서 전모가 드러났다. 무림(霧林)이라는 말은 조직의 실체가 안개 속에 있는 것처럼 잘 보이지 않는다고 수사당국에서 붙인 말이다. 심재철, 유시민을 포함하여 서울역 회군을 결정한 당시 서울대 학생운동 주류는 무림 계열로, 장기적으로 학생운동의 핵심인자들은 노동현장으로 가야 한다는 현장론, 준비론의 입장을 가지고 있었다. 한편 광주학살 이후 학생운동 진영에서는 서울대 회군에 대한 강력한 비판을 제기했고, 당면한 정치투쟁을 회피해서는 안 된다는 반성 속에서 전민학련과 전민노련이 조직되었다. 이 조직도 얼마 지나지 않아 공안당국에 적발되었는데, 당국은 무림과는 달리 조직의 실체가 비교적 분명한 이 집단을 학림(學林)이라고 불렀다. '무림' '학림'은 학생운동 주체들이 아니라 수사당국이 만들어낸 말이지만, 나중에는 민주화운동 진영에서도 널리 쓰이게 되었다.

갈수록 민주진영에서 멀어져간 심재철의 행각 때문에 당시부터 심재철과 유시민 간에 큰 입장 차이가 있었다고 생각하는 사람들이 많은데, 당시는 절친한 선후배 사이였고, 서울역 회군을 결정할 당시 어떤 입장 차이가 있었던 것은 아닙니다.

일부에서는 서울역에서 회군하지 말고 버텼어야 광주의 비극을 막을 수 있었다고까지 합니다만, 글쎄요. 역사적 가정에 대해 답하기는 어렵습니다만 그런 주장은 전두환 일당의 권력욕을 과소평가한 것이 아닌가 생각합니다. 서울역 회군이 허망했던 것은 사실이고, 그 뒤 발생한 광주의 죽음 앞에 책임을 느낄 수밖에 없지만, 당시의 학생운동 상황이나 시민들의 반응 등을 종합해볼 때 서울역에서 회군하지 않고 시위를 이어나갈 만한 역량이 있었다고 보기는 힘듭니다.

서울역에서 해산을 결정한 학생운동 지도부는 개헌을 서두르고 1981년 내에 선거를 실시하겠다는 정부의 발표를 믿고 당분간 수업을 받으며 집회를 중지하기로 했습니다. 하지만 학생들의 희망은 곧장 깨집니다. 5월 17일에 비상계엄이 전국으로 확대된 것입니다.

사실 신군부는 5월 초부터 본격적으로 집권하기 위한 계획을 논의했습니다. 명분은 혼란스러운 시국을 수습하기 위해 자신들이 나서야 한다는 것이었지요. 그들이 세운 '시국수습방안'은 비상계엄 전국확대, 국회 해산, 국가보위 비상기구 설치 등을 주된 내용으로 합니다. 앞서 이야기했듯 비상계엄에서 제주도를 제외한 탓에 군부의 영향력이 제한되었는데, 그 빗장을 풀어서 군이 정국을 완전히 장악하고, 비상계엄 해제 요구권이 있는 국회를 해산하여 위험 요소를 제거하려고 한 것이지요. 전두환 일당은 본래 김재규에 대한 대법원 판결이 확정되는 5월 말에 계획을 실행하려 했지만 5월 20일에 임시국회가 예정되면서 일정을 앞당겨 5월 17일 계획을 결행합니다. 서울역 회군 직후였지요.

5월 17일, 먼저 전군주요지휘관회의가 열렸습니다. 비상계엄을 확대하여 군이 정치에 개입해야 한다고 결의하기 위한 자리였는데, 이름만 회의였을 뿐 제대로 논의가 이뤄지지는 않았습니다. 그 뒤에 전두환은 전군 지휘관의 뜻임을 내세우며 대통령 최규하와 국무총리 신현확에게 자신들의 계획대로 실행할 것을 요구했습니다. 결국 오후 9시에 외부와 차단된 상태로 국무회의가 열렸고 별다른 논의도 하지 않은 채 비상계엄 확대가 결정됩니다. 그에 따라 5월 17일 자정부터 계엄이 전국으로 확대되며 집회와 시위를 비롯한 일체의 정치활동이 금지되는 동시에 전국 대학교에 휴교령이 내려졌고 언론에 대한 검열도 강화되었습니다. 5월 18일 새벽에는 발 빠르게 군대가 국회를 점령하여 폐쇄했지요.

이를 '5·17 비상계엄 전국확대 조치' 또는 '5·17쿠데타'라고 합니다. 누군가는 12·12가 아닌 5·17이야말로 진짜 쿠데타라고 하기도 합니다. 12·12가 군부의 주도권을 둘러싸고 벌어진 하극상이라면, 5·17은 비상계엄을 확대함으로써 군대가 무자비하게 정국을 장악한 내란이자 쿠데타라는 뜻이지요. 저 역시 12·12부터 5·17까지를 역사에서 가장 긴 쿠데타라고 말합니다.

당시 사진을 보면 국회 앞에 탱크와 장갑차가 진주해 있습니다. 국회에 들어가지 못한 야당 국회의원들은 국회 앞 풀밭에 삼삼오오 모여 있고 그 뒤에서 군인들이 그들을 구경하고 있지요. 그 앞의 상황은 의원들이 국회에서 밀려난 것입니다. 국회의장 권한대행이었던 민관식, 신민당 원내총무였던 황낙주 등이 쫓겨나는 장면이 사진으로 남아 있습니다. 그런 상황에서 신군부에 가장 위협적인 존재였을 3김, 김대중·김종필·김영삼은 어떻게 되었을까요? 신군부는 교활하게도 3김씨를 따로따로 처리했습니다. 김대중과 김종필은 합동수사본부로 영장도 없이 불법 연행되었습니다만 명목이 달랐습니다. 김대중은 사회혼란 조성 및 소요 조장으로, 김종필은 권력형 부정축재로 잡혀 들어갔습니다. 김영삼은 자택에 연금되었지요. 왜 김영삼만 예외였을까요? 아마 부마민중항쟁의 영향이 남아 있었기 때문일 것입니다. 김영삼을 때리면 부산·경남이 일어날 수 있고, 게다가 김대중과 김영삼을 함께 쳤다가 영호남이 동시에 들고일어나면 감당할 수 없다고 판단해 김영삼은 연행하지 않은 듯합니다.

신군부의 움직임은 치밀했고 신속했습니다. 비상계엄 확대와 동시에 전국 주요 거점에 계엄군이 투입되었는데, 병력의 90% 이상이 전국 주요 대학가에 배치되었습니다. 대학가의 시

1980년 5월 17일 비상계엄 전국확대 조치 당시 국회 출입을 거부당한 국회의원들이 모여 있다.

위를 애초에 봉쇄하겠다는 의도가 명백했지요. 그렇다고 당시 대학생들이 아무것도 하지 않았느냐 하면 그런 것은 아닙니다. 전국 대학 학생조직들은 나름 비상 시 집결지를 정해두었습니다. 서울대는 신림사거리, 고려대는 청량리 앞, 연세대는 신촌로 터리 같은 식이었지요. 다만 집결지만 정해놓았을 뿐 뚜렷한 행동을 취하지는 못했습니다. 당시 저는 집결지에 나가지 않았는데, 나중에 친구의 이야기를 들어보니 적은 수의 학생들이 나와서 쭈뼛쭈뼛하다가 구호라도 외쳐볼까 하는 참에 공수부대가 나타나자 혼비백산해서 달아났다고 합니다. 제대로 목소리를 내지 못한 것이지요. 전국 대부분의 대학가가 비슷했습니다. 광주만 제외하고 말입니다.

"왜 쏘았지? 왜 찔렀지? 트럭에 싣고 어딜 갔지?"

이런 의문을 품은 적 없으십니까? 그때 왜 하필 광주에서 항쟁이 일어났을까요? 앞서 말했듯 다른 지방은 학생들이 조금이나마 모여서 구호를 외치다가도 공수부대가 달려들면 속절없이 흩어졌습니다. 길어야 30초도 구호를 외치지 못했지요. 그런데 광주는 좀 달랐습니다. 전남대 앞에 학생들이 모였는데, 공수부대가 해산을 시키면 흩어졌다가도 다시 모여들었습니다. 몇번씩 다시 모였지요. 누군가는 공수부대가 유독 광주에서만 난폭하게 학생 시위를 진압했다며 일부러 광주에서 폭력사태가 벌어지도록 유도한 것이 아니냐고 음모론을 제기하기도 합니다만 뚜렷한 근거가 있는 것은 아닙니다.

광주에서 항쟁이 벌어진 이유를 특정하긴 어렵지만 저는 김대중의 연행도 큰 변수로 작용했다고 생각합니다. 유신 반대 분위기는 전국적으로 다를 바 없었지만, 부산과 마산에서 먼저 민중항쟁이 폭발한 것은 김영삼의 의원직 제명과 무관하다고 하기 힘들지요. 마찬가지로 광주에서 일어난 항쟁에 김대중 불법 연행이 영향을 미치지 않았다고 생각하긴 어렵습니다. 지역감정으로 따지면 안 된다고 하는 사람들도 있지만, 40년이 지난 지금까지도 한국정치에서 지역감정은 큰 변수로 작용하고 있습니다.

현실이 그렇지요.

어쨌든 광주에서는 말로 설명하기 힘든 저항이 지속적으로 일어났습니다. 공수부대는 다른 지역보다 훨씬 잔인하고 공격적으로 나섰습니다. 당시 사진 중에 군인이 시민을 붙잡아서 옷을 벗기는 장면을 담은 것이 있습니다. 혹여 도망쳐도 바로 식별할 수 있게끔 옷을 벗긴 것이지요. 그런 시위대를 트럭에다 잔뜩 태우기도 했습니다.

지금부터는 당시 광주 상황을 사진으로 살펴보지요.

광주에 무등고시학원이라는 곳이 있었습니다. 검정고시 학원이었지요. 중학교 검정고시 또는 고등학교 검정고시를 준비하는 학원이니 여기에 다니는 학생들이라면 10대 중반 정도밖에 되지 않았습니다. 그런데 그 학원에 다니던 학생들을 공수부대가 끌어내서 말 그대로 개 패듯이 두들겨 팼습니다. 당시 『전남일보』 기자가 연속 촬영한 사진들이 남아 있는데 기가 막힙니다. 계엄군이 지나가던 청년을 부릅니다. 시위를 하던 청년이 아닙니다. 그저 자기 갈 길을 가던 청년이지요. 청년이 계엄군이 부르니 무슨 영문인 줄도 모르고 군인 앞에 섭니다. 그 순간 계엄군이 불문곡직하고 청년에게 폭행을 가합니다. 다음 사진을 보면 청년이 픽 쓰러져 있습니다. 몇대 맞고 넘어진 것이지요. 사진을 확대해서 보면 청년의 양팔에 피가 흐르고 있습니다. 더 기가 막힌 사실이 무엇인지 알겠습니까? 청년을 폭행하는 군인의 팔뚝에 십자가가 그려진 완장이 있다는 것입니다. 위생병이지

시민을 폭행하는 계엄군. 위생병 완장을 차고 있다.

요. 위생병에게는 전쟁터에서 적군도 치료해줘야 할 의무가 있습니다. 그런 위생병이 죄 없는 민간인에게 폭력을 휘두른 것입니다.

또다른 유명한 사진이 있습니다. 젊은 남녀가 찍힌 사진이지요. 사진 속 여성은 자신도 피를 흘리면서 남성을 쫓아가며 피를 닦아줍니다. 저는 처음에 두 사람이 부부인 줄 알았는데, 나중에 설명을 들어보니 맞선을 보고 나오던 남녀였다고 합니다. 지나가던 시내버스에 연기가 자욱하고 그 주변을 계엄군이 둘러싼 광경도 사진으로 남아 있습니다. 연기의 정체는 최루탄 가스입니다. 버스의 유리창을 깨고 최루탄을 집어넣은 것이지

맞선을 본 남녀가 계엄군에게 폭행을 당한 뒤 피를 흘리고 있다.

요. 이 사진들만 봐도 알 수 있지만 당시 광주에서 공수부대의 행태는 그 전까지와 분명히 좀 달랐습니다.

공수부대가 이전과 달라진 게 과연 우연이었을까요? 아닙니다. 저는 '학습'이 큰 영향을 미쳤다고 생각합니다. 우리도 역사를 공부하지만 그들도 역사를 돌아보며 배웠다는 말입니다. 좋지 않은 방식이라서 문제지만요. 부마민중항쟁 직후 보안사령부가 작성한 「부마지역 학생소요사태 교훈」이라는 보고서에 나오기도 하고 부마민중항쟁 당시 부산 지역 보안부대장이었으며 이후 제5공화국의 핵심 인사가 된 권정달이 회고한 내용이기도 한데, 이에 따르면 군부는 "초동단계에 신속 진압, 군이 진압을 위해 투입되면 인명을 상하지 않는 범위 내에서 과감하고 무자비할 정도로 타격, 데모대원의 간담을 서늘하게 함으로써 군대만 보면 겁이 나서 데모의 의지를 상실토록 위력을 보여야 함. 군이 출동하면 최강의 위엄과 위력을 과시하여 위압감 주어야" 하며 "총기피탈 방지. 화염병 등의 기습 공격에 대비"해야 한다고 분석했습니다. 그와 더불어 "소요자는 최후의 1인까지 추격하여 타격 및 체포"하는 강경 진압이 필요하다고 강조했지요.

이게 무슨 말일까요? 신군부는 부마민중항쟁 당시 시위가 퍼져나간 이유를 초기에 강경하게 대응하지 않았기 때문이라고 분석한 것입니다. 부마 지역에서 들불처럼 번지던 시위는 공수부대가 투입되면서 잦아들었는데, 그 이유가 시위대의 간담을 서늘하게 할 정도로 과감하고 무자비하게 대응했기 때문이라고 생각했지요. 군 상층부에서 시위에 대해 이런 인식을 공유하고 있었으니 광주에서 공수부대가 더 과격하게 폭력을 휘두른 것도 당연한 일입니다.

실제로 신군부 상층부는 훈련을 통해 일반 병사들에게도 자신들의 생각을 심었습니다. 12·12사태로 군부를 장악한 이들은 대학생들이 학교에 돌아오는 1980년 봄이 되면 대학가가 시끄러워질 것이라고 예상하여 초기에 시위를 진압할 준비를 합니다. 1980년 2월 18일 육군본부는 공수부대 및 후방 주요 부대에 '충정훈련'을 실시하라고 지시합니다. 충정훈련이란 폭동 진압훈련을 가리키는데, 본래 공수부대는 일주일에 4시간 정도 충

시민들이 탄 버스에 최루탄으로 공격하는 계엄군.

정훈련을 실시하지만 육군본부의 지시가 내려온 뒤로는 다른 훈련은 거의 모두 포기한 채 충정훈련에만 매달렸다고 합니다.

공수부대가 1980년 5월 직전까지 오랫동안 충정훈련에 전념했다는 점은 매우 중요합니다. 충정훈련은 '폭도'를 가상의 적으로 삼아 이뤄지는 훈련입니다. 훈련 강도가 매우 높았다고 하는데, 단순히 육체적으로 힘들었다는 뜻이 아닙니다. 지휘관들이 보기에 적인 '폭도'들에게 밀리거나 진압 강도가 약하면 가혹한 얼차려가 뒤따랐습니다. 그런 훈련을 매일매일 몇달 동안 받는다고 생각해보십시오. 아무리 온순한 사람이라도 폭도에 대한 적대감이 말로 표현할 수 없을 정도로 극대화할 것입니다. 실제 폭도를 본 적이 없는데도 그렇게 되겠지요.

그와 더불어 공수부대 내에서 진압을 강경하게 할수록 영웅시하는 분위기가 조성되었다는 증언도 있습니다. 공수부대 장병들의 분위기는 오랜 훈련을 겪으며 부마민중항쟁 때와 비교할 수 없을 정도로 살벌해졌는데 지휘관들이 장병들을 진정시키기는커녕 외려 부추겼다는 것이지요. 5월 광주를 앞둔 공수부대의 분위기를 고려하면 왜 그 당시 공수부대가 유독 가혹한 폭력을 휘둘렀는지 짐작할 수 있습니다.

혹시 「오월의 노래」라는 노래를 들어본 적이 있습니까? 없다면 유튜브에서 한번 찾아보길 바랍니다. 5월 항쟁 후 1980년대 초반에 가장 많이 불렸던, 광주에 대한 노래입니다. 원래는 「누가 할머니를 죽였는가」라는 프랑스 노래인데 가사를 바꾼 것이지요. 「임을 위한 행진곡」과 더불어 5·18 관련 시위에서 빠지지 않고 불렸는데, 「임을 위한 행진곡」에 비해 가사가 훨씬 과격해서인지 공식 석상에서는 잘 불리지 않았습니다만, 당시 젊은이들의 가슴을 뜨겁게 했던 노래입니다. 젊은 세대에게는 생소할 수 있으니 가사 전문을 인용해봅니다. 다만 입에서 입으로 전해지던 노래라 정해진 가사가 있지는 않고 조금씩 달라졌다는 점은 감안하시길 바랍니다.

꽃잎처럼 금남로에 뿌려진 너의 붉은 피
두부처럼 잘리워진 어여쁜 너의 젖가슴

오월 그날이 다시 오면 우리 가슴에 붉은 피 솟네

왜 쏘았지 왜 찔렀지 트럭에 싣고 어딜 갔지
망월동의 부릅뜬 눈 수천의 핏발 서려 있네
오월 그날이 다시 오면 우리 가슴에 붉은 피 솟네

산 자들아 동지들아 모여서 함께 나가자
욕된 역사 투쟁 없이 어떻게 헤쳐나가랴
오월 그날이 다시 오면 우리 가슴에 붉은 피 솟네

대머리야 쪽발이야 양키놈 솟은 콧대야
물러가라 우리 역사 우리가 보듬고 나간다
오월 그날이 다시 오면 우리 가슴에 붉은 피 솟네
오월 그날이 다시 오면 우리 가슴에 붉은 피! 피! 피!

가사가 굉장히 전투적이지요? 1980년 5월이 지나고 수많은 노래, 민중가요가 만들어졌습니다. 5월 이후 만들어진 노래는 그 전과 분위기가 전혀 달랐습니다. 1970년대의 민중가요가 가수 김민기 스타일로 서정적인 편이었다면 1980년대에 접어들어서는 훨씬 전투적인 노래들이 나오기 시작했습니다.

앞선 가사의 모티프에는 실존 인물이 있습니다. 바로 당시 광주에서 계엄군에 의해 목숨을 잃은 손옥례 열사입니다. 손옥례 열사는 당시 스무살로 5월 항쟁에서 가장 잔인하게 목숨을 잃은 분 중 하나입니다. 계엄군이 발사한 총알 다섯발을 맞았고 대검으로 가슴이 잘려서 사망했지요. 딸의 끔찍한 사체를 목격한 아버지는 그 자리에서 실신하여 결국 다시는 병상에서 일어나지 못하고 이듬해에 세상을 떠났습니다. 어머니 역시 가족들의 잇단 죽음에 큰 충격을 받아 반신불수가 되었고 몇년 지나지 않아 눈을 감았지요. 손옥례 열사에게는 오빠도 있었는데 그 역시 공수부대에게 심하게 얻어맞아 실신한 후 끌려가서 모진 고문을 받았습니다. 결국 극심한 후유증이 남아 정상적인 생활을 하지 못하고 있지요.

「오월의 노래」 가사에 이런 구절이 있습니다. "왜 쏘았지? 왜 찔렀지? 트럭에 싣고 어딜 갔지?" 이 물음을 광주에서 희생된 분들의 입장에서 던져봅시다. 손옥례 열사는 대체 무슨 잘못을 저질렀기에 앞날이 창창한 나이에 목숨을 잃어야 했을까요? 그리고 그 가족들은 무슨 죄가 있어 한순간에 집안이 풍비박산되어야 했을까요? 당시 희생된 분들이 아무런 영문도 모른 채 그리되었다면 후대에라도 까닭을 알아야 할 텐데, 어떻습니까? 우리가 그 질문에 충분한 답을 얻었습니까? 대체 왜 군인들이 쏘았는지, 누가 어떻게 발포 명령을 내렸는지조차 우리는 아직 모릅니다. 대한민국에서 자행된 수많은 국가폭력 중 1980년 광주가 그나마 가장 진상이 많이 규명되었다고 하는데도 아직 모르는 것이 너무나 많습니다.

비상계엄 확대 이후 광주 여기저기에서 무고한 시민의 시신이 발견되었습니다. 부상자들이 끊임없이 병원으로 모여들었지요. 피가 부족하다는 호소에 수많은 사람들이 줄을 서서 헌혈에 동참했습니다. 이해할 수 없는 국가폭력이 난무하는 상황에서도 감동적인 장면들이 많이 연출되었지요.

공수부대의 무자비한 폭력을 처음 본 시민들은 공포에 질려 도망치기 바빴습니다. 인간이라면 당연한 반응이겠지요. 공수부대는 막강한 무기를 지닌 절대적 강자가 아닙니까. 영문도 모른 채 공수부대를 피해 도망치다가 서로 이게 대체 무슨 일이냐고 물어보기 바빴습니다. 그런데 시간이 지나면서 시민들의 반응이 변합니다. 계엄군을 피해 도망치고 나니, 방금 전까지 군인들이 무고한 이들을 때리고 죽이던 게 생각나 분노로 몸이 부들부들 떨리기 시작한 것입니다. 함께 시위하던 이들이 별다른 저항도 못해보고 쓰러지는 것을 보니 생사가 자신이 결정할 수 없는 문제로 보이기도 했겠지요. 이게 정말 말로는 설명하기 어려운 변화 같습니다. 대체 얼마나 겁을 주면 시민들이 무서워서 도망치고, 거기서 얼마나 더 겁을 주었기에 돌변한 시민들이 아예 간이 배 밖으로 나와 군부대에게 달려들까요?

계엄군의 만행을 더이상 참지 못한 시민들은 그들을 몰아내자며 저항하기 시작합니다. 계엄군은 당황했겠지요. 그들의 노림수대로 무자비하고 폭력적으로 진압했는데 시위가 가라앉지 않았으니 말입니다. 진압되기는커녕 애초에 시위에 나서지 않았던 중장년층에 노년층까지 들고일어났습니다. 그렇게 5월 18일 공수부대의 만행은 민중항쟁으로, 민주화운동으로 변화해갔습니다. 뒤이어서 그 과정을 자세히 살펴보겠습니다.

5월 18일부터 27일까지

2

분노하는 시민들

신군부는 비상계엄을 확대하자마자 전국 주요 대학에 계엄군을 배치했습니다. 광주에는 전남대, 조선대, 광주교육대 등에 계엄군이 배치되었습니다. 계엄군은 전국 대학들의 학생회장단을 체포했습니다. 광주에서도 주요 간부들이 체포되었고 체포를 모면한 이들 지하로 숨어들었습니다.

비상계엄이 전국으로 확대된 5월 18일, 지도부가 뿔뿔이 흩어지고 휴교령이 내려져 군인이 학교를 지키고 있는 와중에도 전남대를 중심으로 교내에서 계엄 해제와 민주화를 요구하는 자생적인 시위가 벌어졌습니다. 공수부대는 훈련받은 대로 학생들을 무자비하게 제압했습니다. 보통 다른 지역에서는 그렇게 한번 시위가 진압되면 잠잠해지곤 했지만 광주에서는 달랐습니다. 광주의 대학생들이 시내로 진출하여 시위를 벌인 것입니다. 일반 시민들에게도 계엄군의 만행을 알려야 한다는 의도였습니다.

대학생들이 처음 시내에서 시위를 할 때만 해도 계엄군이 투입되지는 않았다고 합니다. 시위 수준도 그 전과 비교해 그리 다르지 않았습니다. 그러다 18일 오후에 갑자기 공수부대 병력이 시내에도 투입되었습니다. 공수부대의 대응은 시위대는 물론 시민들까지 깜짝 놀랄 만한 것이었습니다. 군 지휘관이 거리에 나와 있는 사람을 '모두' 체포하라고 명령을 내린 것입니다. 다시 말하지만, 시위대가 아니라 '거리에 나온 모든 사람'입니다. 그때부터 무자비한 폭력이 자행되었습니다. 공수부대는 부마민중항쟁을 겪으며 배웠듯이 초기 진압을 위해 더욱 과감하고 무자비하게 대응했지요. 시위 학생과 일반 시민을 가리지 않고 곤봉과 대검으로 무자비하게 살상을 벌였습니다. 곤봉만 해도 무시무시한데 대검까지 동원한 것입니다. 그런 무자비한 예를 앞서 몇가지 이야기했습니다. 광주에서 계엄군에 의해 가장 먼저 희생된 김경철도 그중 한명입니다. 계엄군은 묻는 말에 제대로 답하지 않는다는 이유로 김경철을 더욱더 강하게 구타했다고 합니다. 김경철은 청각장애인이었습니다. 18일 시위는 밤늦게까지 진행되었지만 그날 뉴스에서는 광주에서 벌어진 공수부대의 만행과 그에 대한 항의시위는 전혀 보도되지 않았습니다. 오로지 광주 사람들만 그런 상황을 알고 있었던 것입니다.

이튿날인 5월 19일에는 상황이 변합니다. 그때껏 대학생 중심으로 이뤄지던 시위에 일반 시민과 고등학생까지 참여하기 시작한 것입니다. 일반 시민들이 갑자기 민주화에 대한 열망을 품게 되었을까요? 1970년대에 적극적으로 민주화운동에 참여한 사람은 많지 않았습니다. 광주에서 시위에 나선 아저씨, 아주머니들은 평소에 정부 말 잘 듣고, 겨울이 다가오면 군부대 가서 김장도 담가주고 하던 평범한 사람들이었습니다. 광주민중항쟁

계엄군과 대치하던 중 대화를 시도하는 시위대.

은 결과적으로 한국의 민주주의 발전의 원동력이 되는 결정적
사건이지만, 초기 시위에 참가한 광주시민들이 민주주의를 위
해 일어섰다고 보기는 어렵습니다. 당시 시민들의 주된 생각을
거칠게나마 한 문장으로 말하면 '그러면 안 되는 거잖아요'입니
다. '공수부대가 지나가는 여고생을 곤봉으로 후려치고 대검으
로 찌르는, 그런 일을 보고도 못 본 척하면 안 되는 거잖아요.' 아
마 전날 자행된 계엄군의 무자비한 진압에 참을 수 없이 분노했
겠지요. 이 원초적인 정의감, 공동체 성원으로서의 책임의식이
시민들이 들고일어난 원동력이었다고 생각합니다. 19일에는 약
3,000명 이상이 시위에 참여했습니다. 물론 공수부대의 무차별
폭행은 멈추지 않았습니다. 외려 시위가 격렬해질수록 공수부
대의 폭력은 더 잔인해졌습니다. 하지만 계엄군의 폭력은 활활

타오르는 시위대에 기름을 끼얹을 뿐이었습니다. 시위대는 점점 더 공격적으로 계엄군에 맞섰고 그 나름 체계를 갖추어 계엄군에 대항했습니다. 광주 전역에서 부상자가 속출해 병원으로 실려갔지만, 시위는 자정 가까이 되어서야 마무리되었습니다.

19일 오후에는 처음으로 계엄군이 실탄 사격을 했습니다. 계림파출소 근처에서 그랬는데, 계엄군이 땅을 향해 쏜 총알이 튀어오르면서 당시 조선대학교부속고등학교에 다니던 김영찬에게 맞았습니다. 다행히 현장 근처에 의사가 있어 목숨은 구했지요. 김영찬은 원래 집으로 돌아가던 중이었는데 계엄군의 장갑차로 몰려드는 시위대를 보고는 전날 시민들이 군인에게 맞던 장면이 떠올라 자기도 모르게 시위에 합류했다고 합니다. 당시 광주 시민들이 어떤 생각으로 시위에 참여했는지 짐작해볼 수 있는 증언입니다.

20일에는 항쟁이 전면적으로 전환되었습니다. 더욱 많은 시민이 거리로 나서서 계엄군에 맞섰고 그 범위 역시 광주 전역으로 넓어졌지요. 대학생, 고등학생부터 시장의 아주머니, 일용직 노동자, 회사원, 주부, 할머니 등 이전에는 시위에 한번도 참여하지 않았던 사람들도 모두 분노하며 거리로 나섰습니다. 택시와 버스를 몰던 운전기사 수백명도 자신의 차로 대로를 꽉 채우며 차량 시위를 벌였어요. 운전기사들은 시위 기간 내내 계엄군에 시달리며 불만이 컸습니다. 심지어 시위 중 공수부대에 맞아 부상당한 사람들을 병원에 태워다주었다는 이유로 구타를 당

광주 금남로를 가득 메운 차량 시위대.

하기도 했지요.

　이런 식으로 시민들은 '저항'을 넘어서 '공격'에 나서기에 이릅니다. 시위대와 계엄군이 한번 충돌할 때마다 수십명씩 사상자가 발생했지요. 시위대는 전남도청이 있는 금남로를 목표로 공수부대를 압박해갔고 시간이 지날수록 외려 공수부대가 수세에 몰렸습니다. 그러다 시위대의 버스가 경찰 4명을 치어 죽이는 불상사가 벌어지기도 했지요.

　20일 밤 11시에는 처음으로 계엄군이 시위대를 향해 집단 발포를 했습니다. 광주역 앞의 광장에서 총기를 난사했는데 시위대 4명이 사망하고 부상자가 다수 발생했습니다. 광주역 앞에 배치되었던 3공수여단은 그 뒤에 철수하기 시작합니다.

　매우 간단하게 5월 18일부터 20일까지 상황을 설명했지만,

그 며칠 사이에 정말 무수히 많은 희생자가 발생했습니다. 오죽 하면 광주의 어린아이들은 공수부대원을 보고 북에서 온 인민 군 아니냐며 어른들에게 물어볼 정도였지요. 국군은 국민의 생 명과 재산을 지키는 군대라 배웠는데 눈앞에서 벌어지는 군복 입은 사람들의 살육을 도무지 이해할 수 없었던 것입니다. 그래 서일까요? 당시 광주에서는 정말 상식적으로는 이해하기 어려 운 일이 많았습니다. 시민이 무장한 군대에 저항한 것 역시 그렇 지요.

5·18광주민주화운동은 우리 역사에서 정말 보기 드문 일 입니다. 한국전쟁이 끝난 뒤 우리 현대사에서는 무장항쟁이 없 었습니다. 4·19혁명 때 폭력사태가 벌어지기는 했지만 그때는 국가가 먼저 총질을 한 것입니다. 그리고 결과적으로는 그 폭력 탓에 정권이 무너졌지요. 박정희 유신정권은 4·19혁명을 보고 배운 것이 있기 때문인지 공개적으로 총질을 하지는 않았습니 다. 정권이 그러니 시위대도 어느정도 자제를 했습니다. 1975년 4월에 서울대 학생 김상진 열사가 유신체제와 긴급조치에 항거 하며 자결한 사건이 있었습니다. 김상진 열사가 자결 전에 남긴 글이 있는데, 제목이 '대통령께 드리는 공개장'입니다. 자신이 죽 기 전에 남긴 유언장이나 마찬가지인데, 김상진 열사는 그 글에 서 독재자를 향해 깍듯하게 '각하'라는 호칭을 썼습니다. 이 일 화만 봐도 당시 운동권이 어떤 분위기였는지 짐작이 되지요. 광 주민중항쟁이 벌어지기 1년 전, 남민전 사건*과 관련하여 김남

주 시인 등 몇명이 운동자금 마련을 위해 재벌집을 털려고 과일 깎는 칼을 든 적이 있지요. 물론 실패에 그쳤고, 운동진영 내에서도 과격한 행동이라는 비판이 엄청났습니다. 그때 농담 반 진담 반으로 한국전쟁 때 빨치산이 토벌되고 나서 처음으로 연장 들고 나온 거라고 얘기했을 정도로 한국의 민주화운동은 폭력과 거리가 멀었습니다.

물론 온건한 게 잘못이었고, 폭력을 써야 했다고 이야기하려는 것은 아닙니다. 그만큼 폭력에 있어서는 자제하고 선을 지키던 나라인데 광주에서와 같은 일이 벌어진 이유가 대체 무엇이었을까 질문을 던지고 싶은 것이지요. 광주에서는 계엄군이 총을 쏘았고, 시민들도 무장을 하기 시작했습니다. 계엄군이 폭력적이었던 이유는 앞서 살펴봤는데, 시민이 무장했다는 사실이 정말 놀라운 일이죠. 저도 인터뷰도 해보고 논문도 많이 읽어봤는데 좀처럼 잘 설명할 수가 없습니다. 권력이 왜 공수부대를 투입해 기존과 차원이 다른 강경 진압을 했겠습니까? 그렇게 하면 시위대가 알아서 흩어질 것이라고 예상했기 때문입니다.

앞서도 언급했지만 저는 인간이 참 설명하기 어려운 존재라고 생각합니다. 얼마만큼 겁을 주면 얼어붙어서 아무것도 못하고, 얼마만큼 겁을 주면 오히려 겁을 상실할까요? 인간이라는

---

* 남민전 사건은 1979년 11월 발생한 대표적인 공안 사건이다. 남민전은 반(反)유신과 민주화, 민족해방을 목표로 결성된 '남조선민족해방전선준비위원회'의 약칭으로 유신체제를 비판하는 유인물과 기관지를 제작·배포하다 1979년 10월 84명의 조직원이 체포됐다. 공안 당국은 이를 북한과 연계된 도시 게릴라 간첩단 사건으로 발표했다.

존재는 묘해서 그 기준을 명확히 가늠하기란 불가능한 것 같습니다. 광주에서는 그 기준을 단체로 뛰어넘은 것이겠지요.

민중미술가 홍성담 화백을 아시는 분들이 많을 겁니다. 2012년 대통령 선거를 앞두고 제가 기획한 평화박물관 '유신의 추억' 전시에 박근혜를 풍자한 그림을 출품했다가, 박근혜 정권 시기 블랙리스트 파문의 출발점이 된 분입니다. 홍성담 화백은 1980년 5월 광주에서 시민군의 일원이었고 그 뒤에는 5·18을 주제로 한 판화를 많이 제작했습니다. 광주 시민군의 짧지만 강력했던 체험이 그를 우리나라를 대표하는 민중미술가로 키운 것이지요. 작품 중 하나를 보면 한 여성이 하이힐을 벗어서 공수부대를 때리는 장면을 묘사한 것이 있습니다. 정말로 저런 장면이 있었는지는 모르겠지만 당시 광주가 어떤 분위기였을지는 상상할 수 있습니다.

건장한 군인이 곤봉을 들고 고함을 지르며 달려들면 정말 무섭습니다. 아무리 결연한 마음으로 시위에 나섰어도 절로 움츠러들 수밖에 없지요. 저는 공수부대와 맞닥뜨린 적은 없지만 백골단은 봤습니다. 1980년대 시위에 투입된 경찰 백골단은 정말 무시무시했습니다. 하얀 헬멧에 청재킷에 청바지에 운동화를 신은 무술경관 백골단이 한번 뜨면 말 그대로 오금이 저렸습니다. 저도 걸음아 날 살려라 하고 도망치기 바빴지요. 공수부대는 그런 백골단과도 차원이 다릅니다. 곤봉을 휘두르며 사방에 피가 튈 정도로 살벌하게 진압하는데 겁먹지 않을 사람은 없을 것입니다. 그런데도 광주에서는 여성이 하이힐로 공수부대에 저항했다는 것이죠. 공수부대 입장에서는 정말 황당했을 겁니다. 여성뿐 아니라 노인들까지 맞서니 말입니다.

당시 공수부대의 작전 목적은 시위대 검거 및 해산이었습니다. 그래서 어떻게 했느냐 하면 공수부대 지휘관이 시위대를 쭉 보고는 병사들에게 '너는 저기, 너 여기, 너는 쟤' 하는 식으로 한명씩 지정해줬습니다. 그러면 병사들은 다른 사람은 돌아보지도 않고 오로지 자기에게 할당된 사람만 쫓아갑니다. 한 사람만 확실히 두들겨 팬 다음에 질질 끌어서 연행하는 것이지요.

시위대 중에 젊은 남성은 그나마 좀 잘 뛸 수 있었겠지요? 열심히 골목골목으로 도망쳤습니다. 하지만 앞서 말했듯 공수부대는 몇달 동안 시위 진압만 호되게 훈련받았습니다. 자신이 맡은 시위자를 검거하지 못한다면 어떤 얼차려를 받을지 모르니 병사도 죽기 살기로 쫓았지요. 결국 아무리 도망을 잘 쳐도 병사와 대치할 수밖에 없었고, 일단 그렇게 되면 무기를 든 병사를 당해낼 수는 없었습니다.

그런데 공수부대원에게 시위자가 처참하게 맞던 순간 옆에 하수구 공사를 하던 아저씨가 있었다고 합시다. 혹은 연탄을 버리러 나온 아주머니가 있었을 수도 있겠지요. 그들 눈에 그 광경은 어떻게 보였겠습니까? 폭력적이고 무법적인 폭도를 제압하는 장면으로 보였겠습니까? 아니면 부당한 국가권력을 규탄한 젊은이를 군대가 가혹하게 구타하는 것으로 보였겠습니까?

그렇게 폭력 현장을 목격한 아저씨와 아주머니는 도저히 참지 못하고 곡괭이 혹은 연탄집게로 병사를 내리쳤습니다. 그렇게 되면 아무리 훈련을 받은 병사라도 쓰러질 수밖에 없지요.

공수부대 집결지에서는 아무래도 이상했을 것입니다. 병사 30명이 쫙 흩어져서 시위대를 검거하러 갔는데, 보통 5분이면 데리고 돌아와야 합니다. 좀 잘 뛰는 사람을 쫓아간 병사도 10분 정도 지나면 '이 자식, 좀 뛰네' 하면서 자기가 추적하던 사람을 붙잡아 끌고 와야 정상이지요. 그런데 30명 중 28명은 돌아왔는데 2명이 끝내 오지 않았다고 칩시다. 10분이 지나고 15분, 20분이 지나도 돌아오지 않는 것입니다. 하수구를 수리하던 아저씨, 또는 연탄을 버리던 아주머니를 만났을 수도 있지요. 공수부대에서는 있을 수 없는 일이었습니다. 애초에 시위에 참여하지 않았던 시민들이 이렇게 격렬하게 저항하는 건 전두환 등 신군부나 현지의 공수부대나 전혀 예상하지 못했던 상황이었지요.

당시 광주에 계셨던 분들과 인터뷰를 해보면 처음에는 너무너무 무서웠고, 옆에서 사람이 쓰러질 때는 겁이 났는데 시간이 갈수록 진짜로 무감각해졌다고 합니다. 그리고 이런 생각이 절로 들었다고 합니다. '아, 죽고 사는 건 내가 정하는 게 아니다. 바로 옆에 있던 사람이 총에 맞았는데, 그게 몇 센티만 빗나가면 저 사람이 아니라 내가 쓰러졌을 것이다.' 이런 생각이 드니까 더이상 겁날 게 없었다는 말이지요. 속된 말로 간이 배 밖에 나왔다고나 할까요. 처음에는 너무너무 무서웠지만 조금 지나자 도망친 자신이 부끄러워졌고, 공수부대에 대한 분노가 치솟으면서 죽고 사는 것에 대한 감각이 사라지고, 그러자 다시 계엄군을 향해서 나아가게 되었다고 합니다.

제가 앞서 설명하고 여러분이 사진으로 본 당시 광주의 모습은 충분히 충격적이지만, 실제로 현장에 있었던 이들이 받았을 충격에 비하면 아무것도 아닐 것입니다. 너무 분하고 원통해서 외려 겁을 상실하게 되는 과정을 거치면서 시민들이 일어서기 시작하지 않았을까 생각합니다.

공수부대도 질렸을 것입니다. 어떻게 해야 할지 우왕좌왕 혼비백산하다가 5월 20일 첫 발포가 이뤄지고 결국은 5월 21일 도청 앞에서 시위대를 향해 집단 발포하고 철수하게 되었지요. 집단 발포 과정이 어땠는지, 누가 명령을 내렸는지 아직까지도 정확히 밝혀지지 않았습니다. 일단 그날, 5월 21일 광주에서는 어떤 일이 벌어졌는지 알아보겠습니다.

집단 발포와 도청 탈환

5월 20일 시위는 자정을 넘겨 21일까지 계속되었습니다. 특히 자정 무렵 최고의 격전지는 광주역 앞 광장이었지요. 앞서 처음으로 그곳에서 집단 발포가 이뤄졌다고 했습니다. 총격에도 굴하지 않은 시위대의 분전 덕에 광주역 앞의 공수부대는 철수했습니다. 시위대에게는 기쁜 일이었겠지요. 국지전이긴 하지만 드디어 승리했으니 말입니다. 하지만 기쁨은 오래가지 않았습니다. 그곳에서 총격에 쓰러져 널브러진 광주 시민의 시신 2구가 발견되었기 때문입니다. 돌아가신 분들의 상태가 굉장히 참혹했다고 하는데, 시위대는 시신을 리어카에 싣고 위에 태극기를 덮은 채 시내로 운구하며 시민들에게 비참한 소식을 전했습니다. 당연히 시민들의 분노는 더욱 커졌지요.

계엄군은 20일 새벽에 광주로 통하는 시외전화를 끊어버렸습니다. 안 그래도 광주의 상황이 제대로 보도되지 않는데 통신까지 마비시켰지요. 또한 추가 병력을 광주로 보냈습니다. 바로 육군 20사단이었는데 여기에서 한가지 쟁점이 발생합니다. 한국군의 작전지휘권이 미군에게 넘어가 있는 상황에서 20사단이 움직이려면 사전에 한미연합사령부에서 논의가 이뤄져야 한다는 것입니다. 그래서 미군이 신군부의 학살만행과 정권장악 음

모를 암묵적으로 동의했거나 혹은 외면한 것이 아니냐는 시선이 많았습니다. 실제로 훗날 밝혀진 바에 따르면 당시 주한 유엔군 및 한미연합군 사령관 존 위컴이 정부의 요청을 받고 20사단 이동에 동의했다고 합니다. 미국에서는 한국 정부의 합법적인 요청이었다고 하는데, 제임스 릴리 전 주한대사는 그래도 20사단이 공수부대보다는 덜 폭력적으로 진압하지 않을까 생각했다고 증언했지요. 광주에서 벌어진 일을 대하는 미국의 태도는 1980년대 민주화운동에 기존에 없던 '반미' 구호가 더해지는 계기가 되었습니다. 이에 대해서는 뒤에서 좀더 자세히 이야기하겠습니다.

1980년 5월 21일은 하필이면 석가탄신일이기도 했습니다. 이미 광주 시내의 기능은 거의 마비되었지만 그래도 공휴일이라 더욱 많은 시민이 시위에 참여했지요. 정확한 통계는 알 수 없는데, 적어도 수십만은 되리라 추측합니다. 광주역을 탈환했기 때문에 다음 목적지는 전남도청과 전남대였습니다. 계엄군은 더욱 세가 불어난 시위대를 해산시킬 엄두는 내지 못하고 전남도청을 사수하는 형태로 진을 쳤지요.

일촉즉발의 상황에서 시위대는 도지사와 면담을 요구했습니다. 계엄군이 요구를 받아들여 시민 대표 4명이 장형태 전남도지사 및 구용상 광주시장과 만났지요. 시민 대표는 유혈 사태에 대한 사과, 연행된 시위대의 즉시 석방 내지 소재 파악, 21일 정오까지 계엄군 철수 등 몇가지 요구안을 내세웠습니다. 도지

금남로에서 공수부대가 시위대를 진압하고 있다.

사는 전부 그 자리에서 바로 수용할 수는 없지만 실현되도록 자신이 힘을 써보겠다고 했습니다. 그리고 이러한 면담 결과를 직접 시민 앞에 나서서 발표하겠다고 했지요.

시민들은 도지사를 기다렸지만 그는 나타나지 않았습니다. 당초 약속이 지켜지지 않자 시위대는 점점 격앙되었습니다. 머리 위를 헬기가 날아다니고 계엄군은 공개적으로 실탄을 분배했지요. 도지사가 약속한 정오가 되었지만 계엄군은 철수하지 않았습니다.

일은 오후 1시에 터졌습니다. 전남도청 스피커에서 애국가가 흘러나왔습니다. 시민들이 자연스럽게 애국가를 따라 부르던 순간 계엄군은 시위대를 향해 총을 난사했습니다. 심지어 저격수가 건물 옥상에 올라가 조준 사격을 하기도 했고, 총에 맞아 쓰러진 사람을 뒤쪽으로 끌어내리려던 시민에게도 총격을 가할 정도였습니다. 비슷한 시각 전남대 앞에서도 계엄군은 시위대를 향해 발포했습니다. 당시 광주 시내 모든 병원이 사상자와 사망자로 발 디딜 틈이 없었다고 합니다. 이날 발포를 누가 명령했는지는 아직도 밝혀지지 않았습니다. 국방부 과거사진상규명위원회는 2007년 공식적으로 "명령자 판단 불가"라는 조사 결과를 발표했습니다.

계엄군이 거리낌 없이 조준사격까지 하는 이상 시위대도 무장할 필요가 있었습니다. 시위대는 광주 인근 화순과 나주 등으로 흩어져 예비군 무기고를 부수고 총과 실탄을 꺼내 자위적 무장을 갖추기 시작했습니다. 일부는 지원동의 탄약고에서 TNT 폭탄까지 입수했습니다. 다만 예비군 무기고다보니 총기류는 계엄군이 쓰는 M16 같은 최신형이 아니라 카빈 소총 등 2차 세계대전과 한국전쟁 때 쓰던 것들이었지요. 또한 당시 광주의 유일한 자동차 공장이던 아시아자동차공장에서 군용 트럭과 장갑차를 수십대 확보해 광주 시내에 몰고 왔습니다. 이렇게 무장을 갖춘 시위대를 '시민군'이라 부르기 시작했습니다.

시민군은 시위대 맨 앞으로 나서 계엄군과 대치했습니다. 일부 학생들은 전남대 병원 옥상에 기관총을 설치했지요. 결국 전남도청과 전남대 앞을 지키던 공수부대는 광주 밖으로 철수

퇴각하는 공수부대 모습을 보고 박수 치는 시민들.

합니다. 21일 저녁 무렵 시위대는 전남도청을 장악했습니다.

이렇게 간단히 설명하면 당시 도청 탈환이 얼마나 드문 일인지 잘 와닿지 않을 것입니다. 조선왕조 500년 역사에 민중이 도청 소재지를 점령한 적이 딱 한차례 있습니다. 바로 전봉준의 동학군이 전주 감영을 점령한 것이지요. 그나마도 왕조가 쇠락하던 시기에 딱 한번 일어난 일입니다. 1980년 광주의 시민군은 어떻습니까? 그들은 아무런 준비도 하지 않았고, 어떤 계획도 없었습니다. 애초에 그들은 하나의 조직조차 아니었지요. 그랬는데 얼떨결에 도청 소재지를 해방한 것입니다. 거의 100년 만에 벌어진 일인데 전 세계 혁명운동사를 뒤져봐도 이렇게 지도부도 없는 오합지졸이 광주 같은 대도시를 해방한 전례는 없습니다.

　당연하지만 계엄군이 아무런 복안 없이 광주에서 나간 것은 아닙니다. 계엄군은 외부에서 광주를 포위하고 고립시킨 다음 진압하는 방향으로 계획을 틀었습니다. 계엄사령관 이희성은 서울에서 대국민 담화문을 발표합니다. '광주사태'가 '불순분자'와 '고첩(고정간첩)'의 선동에 넘어간 깡패, 불량배 등 소수의 폭도들에 의한 것이라고 왜곡하면서 군대의 발포에 정당성을 부여했지요. 21일 저녁 계엄군에는 광주 외곽의 모든 도로를 차단하라는 명령이 떨어집니다. 그와 더불어 계엄군에게 발포를 허락하는 자위권 발동이 고지되고 실탄이 분배되는데, 여기서 또 다른 비극이 시작됩니다. 계엄군이 광주 인근 여기저기에서 무고한 시민을 살상한 것입니다. 당시 피해자가 얼마나 되는지 정확히 집계하기 어려울 정도입니다. 민간인을 살해한 계엄군이 여기저기에 시신을 암매장해버렸기 때문입니다. 심지어는 계엄군끼리 서로 오인하여 총격을 하는 바람에 십수명이 죽기도 했지요.

　언론은 이미 신군부의 앵무새나 다름없었기 때문에 광주의 실상을 제대로 전달하지 않았습니다. 5월 22일 이전에는 기사 자체가 거의 없었고 기껏해야 '광주일원 데모발생' 같은 제목으로 대수롭지 않게 다뤄졌습니다. 5월 22일에서야 조금 크게 보도가 되었는데 대부분 계엄군의 입장을 대변할 뿐이었지요. 그때 계엄군이 심리전 차원에서 공개한 사진이 하나 있는데

'전두환 찢어 죽여라' 플래카드를 내걸고 시내를 이동하는 시민군.

매우 교묘합니다. 시민군이 탈취한 트럭 앞에 '전두환 찢어 죽여라'라는 문구를 쓴 플래카드가 걸려 있는 사진이었지요. 그 사진은 조작이 아닙니다. 실제로 시위대가 그런 문구를 썼습니다. 하지만 앞뒤 맥락은 아무것도 전하지 않고 달랑 사진만 보여주면 처음 본 사람이 어떻게 생각할까요? 광주에서 무슨 일이 벌어졌는지 아무것도 모르는 채 '전두환 찢어 죽여라'라는 플래카드를 내걸고 시내를 활보하는 시위대를 보면 '전라도 것들 너무한다. 어떻게 사람을 찢어 죽이라고 하냐. 저기는 무슨 무법천지냐'라고 생각하지 않을까요? 계엄군의 노림수대로 광주 외 지역에서는 왜곡된 보도가 퍼져나가며 광주에 비판적인 분위기가 조성되었습니다. 하지만 나중에 광주에서 어떤 일이 벌어졌는지 알게 된 사람은 모두 절로 "전두환, 저 찢어 죽일 놈"이라고 했지요.

그렇다면 계엄군이 물러가고 시민만 남은 광주는 어땠을까

요? 정말로 질서라고는 찾아볼 수 없는 무법천지였을까요? 그
날 그곳에 있었던 사람들은 입을 모아 말합니다. 그때 광주는
절대적인 공동체였다고 말입니다.

절대공동체가 만든 대동세상

계속 광주에 대해서 이야기했는데, 숨 좀 돌릴 겸 다른 도시 이야기를 해보겠습니다. 바다 건너 미국 뉴욕입니다. 1977년 뉴욕에 대규모 정전이 일어났습니다. 핵발전소에 벼락이 여러차례 떨어져서 전력망이 마비되는 바람에 무려 12시간이나 정전이 계속되었지요. 하필이면 저녁때 정전이 된 터라 밤새 도시 전체가 암흑에 휩싸였는데, 어느 순간부터 무법천지가 되었습니다. 약탈에 강도에 성폭력에, 그때까지 전과라곤 없던 이들까지 범죄를 저질러서 4,800명이나 체포되었다고 하지요. 체포된 사람이 이 정도이니 실제로 약탈에 가담한 사람들은 훨씬 많았을 겁니다. 물론 당시 뉴욕 경제가 어려워서 서민의 삶이 팍팍했다는 전후 사정이 있다지만, 그래도 한순간에 질서가 무너지면 어떻게 되는지 여실히 보여주는 사례입니다.

　제가 직접 겪은 일도 있습니다. 미국 샌프란시스코에 갔을 때 일이지요. 제 취미가 여행지에서 헌책방을 구경하는 거라 샌프란시스코에서도 유명한 책방에 가려고 했습니다. 그런데 제 지인들이 가지 말라고 말리는 겁니다. 그 동네가 범죄가 많고 험악하기로 유명하다는 이유였지요. 그래도 별일이 있겠느냐 싶어서 책방 근처에 주차를 하고 걸어갔습니다. 아마 7시가 좀 넘어서

시위대에 물을 전달하는 시민.

조금씩 어둑어둑해지던 무렵이었는데, 갑자기 제가 걸어가던 블록에서 정전이 되었습니다. 이게 무슨 일인가 싶어서 당황하는데 어디선가 유리창이 와장창 깨지는 소리가 들렸습니다. 게다가 좀 이따 총소리까지 났고요. 여기저기서 비명이 들리는데 저는 '정말 재수도 없구나. 이거 어떡해야 하지? 바닥에 바싹 엎드려야 하나?' 하고 순간 정말 갖가지 생각을 했습니다. 그러다 불이 번쩍 다시 들어왔습니다. 주위는 아무 일도 없었다는 듯이 조용해졌고요. 불과 수십초 정전이 되었을 뿐인데도 그랬지요.

지금 이야기한 두 사례와 1980년 5월 22일 광주를 비교해 봅시다. 광주는 공권력이 아예 마비가 되었습니다. 총기 수천정에 실탄까지 일반 시민들에게 풀렸지요. 그런데 은행 강도 한건 없었습니다. 은행은 물론이고 금은방, 슈퍼마켓, 전당포 등 돈 있을 만한 영업장 중 피해를 입은 곳이 하나도 없었습니다. 그냥 총 들고 가서 돈 내놔, 하면 될 텐데 아무도 그러지 않았지요. 그뿐 아닙니다. 라면 한 박스조차 사재기를 하는 사람이 없었습니다. 어떻게 그럴 수 있었을까요?

저는 이렇게 생각합니다. 만약 도둑질 같은 위법 행위가 벌어졌다면, 광주 시민은 정말 계엄당국이 왜곡하는 대로 '무법천지에서 살인, 방화, 약탈을 저지르는' 폭도가 되었을 것입니다. 신군부를 도와주는 꼴이 되었겠지요. 그래서 다들 더욱 질서를 지키려 했던 것이 아닐까 짐작합니다.

다른 이유도 들 수 있습니다. 당시 광주 전체가 커다란 상갓집이나 마찬가지였다는 것입니다. 도시 전체가 상갓집에 시민 모두가 상주나 다름없는 상황에서 도둑질이라니 가당한 일이겠습니까? 저는 이런 이유가 가장 결정적이지 않았을까 생각합니다.

다시 5월 22일 이후의 광주로 돌아가겠습니다. 그때의 광주를 이른바 '해방 광주'라고도 부르는데, 정확한 표현이라고 생각합니다. 당시 광주는 생산도시라기보다는 소비도시에 가까웠습니다. 그런데 계엄군이 광주로 가는 길을 차단하고 물자를 전혀 들여보내지 않았습니다. 언제 풀릴지 기약도 없었지요. 쌀을 포함한 생필품의 가격이 뛰거나 매점매석이 일어날 법도 한데, 실상은 전혀 달랐습니다. 당시 광주 시민들의 의식은 정말 놀라울

전남도청 앞 광장에 모여 있는 시민들.

정도로 높았습니다. 라면을 사더라도 한 박스씩 사는 게 아니라 꼭 필요한 만큼 두세개만 구입했습니다. 누군가 '시민행동지침' 같은 걸 만들어서 뿌린 것도 아닌데 다들 그렇게 알아서 행동했지요.

양동시장, 대인시장 같은 곳에서 식당이나 쌀집을 운영하는 상인들은 팔아야 하는 쌀을 그냥 시중에 풀었습니다. 아주머니들은 길바닥에 솥단지를 걸어놓고 밥을 만들어 사람들에게 먹였지요. 싸우려면 먹고 힘을 내야 한다면서요. 흔히 한국전쟁을 상징하는 음식이 꿀꿀이죽이라고 하는데, 5월 광주를 상징하는 음식은 주먹밥입니다. 그야말로 광주의 정신이 깃든 대표 음식이라 해도 지나치지 않지요. 지금도 5·18기념재단에서 내는 소식지 이름이 『주먹밥』입니다.

성경에 보면 '오병이어의 기적'이라는 것이 나옵니다. 예수님이 떡 5개와 물고기 2마리로 5,000명을 먹이는 기적을 일으켰다고 하지 않습니까? 저는 당시 해방 광주에서 시민들이 보여준 모습이 바로 오병이어의 기적이나 다름없다고 생각합니다. 동학농민전쟁 당시 농민들의 자치기구였던 집강소를 떠올리게 하는, 시민들이 만들어낸 민중자치의 감동적인 공간이었지요. 우리 현대사에서 자랑할 만한 점이라면 오병이어의 기적을 두번이나 일으켰다는 것입니다. 1980년 5월 광주에서 그랬고, 2016년 말의 겨울 광화문에서도 기적이 일어났습니다. 촛불집회 때 아이들이 나와서 밤새 있으니 일면식 없는 시민들이 자기 주머니를 털어서 김밥과 생수를 사다가 나눠주었다고 하지요. 그런 분들이 너무 많아 나중에는 김밥과 생수가 남아돌았다고 하지 않습니까. 그러고 보면 2016년 광화문을 상징하는 음식은 김밥이겠습니다. 이 역시 오병이어의 기적이지요.

앞서 소개한 홍성담 화백도 판화로 해방 광주의 모습을 묘사하기도 했습니다. 홍성담 화백이 저에게 이런 이야기를 한 적이 있습니다. "홍구야, 나는 이때 내가 광주에서 시민군으로 있었다는 그것만 생각해도 가슴이 터질 거 같아. 그때 내가 그 공동체의 일원이었다는 것만으로도 나는 지금 죽어도 여한이 없어." 그 자리에 있던 당사자가 이렇게 말할 정도로 해방 광주에는 세계사에 유례없는 절대적인 공동체가 있었습니다.

이처럼 광주에는 너무나 감동적인 절대공동체가 만들어졌지만, 그 공동체는 슬픔의 공동체이기도 했습니다. 얼마나 가슴 아팠겠습니까. 너무나 많은 이들이 세상을 떠났습니다. 계엄군의 발포로 시민들이 죽고 난 후 가족이 집에 돌아오지 않은 사람들은 혹시나 하고 시신을 찾아다녔습니다. 관에 태극기가 덮여 있으면 신원이 확인된 시신이었지요. 신원 확인이 되지 않은 시신을 모신 관에는 '무명투사'라고 쓴 천을 덮어두었는데, 관을 열어본 이들이 거기에 가족이 누워 있는 걸 보고 오열을 터뜨리곤 했습니다. 시내에 관이 동나는 바람에 당시 계엄군이 유일하게 광주 시내로 들여보내준 물자가 관이었다고 합니다.

그 많은 시신은 누가 수습했을까요? 시민들 중에서 주로 여고생들이 했다고 합니다. 당시 저보다 두세살 어린 여성들이었지요. 그해가 정말 더웠습니다. 5월인데도 여름 같았지요. 시신들이 슬슬 부패하니까 냄새가 났고 그래서 관을 비닐로 둘둘 감싸두었습니다. 상무대 체육관에 돌아가신 분들의 관을 모아두었는데, 향을 한움큼씩 피워도 냄새가 가시지 않았지요. 냄새라는 건 기억에 깊게 각인됩니다. 몇십년이 지나도 어디서 모퉁이를 돌다가 혹은 집안일을 하다가, 어디선가 갑자기 훅 하고 한번씩 냄새가 떠오를 수 있습니다. 그런데 대한민국 정부는 그 당시 광주에서 시신들을 수습한 여고생들한테 단 한번도 '고맙다' '힘들었지?' 같은 인사를 하지 않았습니다. 저는 지금이라도 그 말을 꼭 전해야 한다고 생각합니다. 뒤늦게 한강 작가의 소설

『소년이 온다』(창비 2014)를 읽었습니다. 그 이야기가 나오더군요. 여러 대목에서 눈물이 났습니다. 병원 진료 받으러 가서 대기실에서 읽다가 "너를 장례 지내지 못해 내 삶이 장례식이 되었다"는 대목부터 걷잡을 수 없이 눈물이 흘러 어쩔 줄 몰랐습니다. 비슷한 얘기를 강연 다니며 늘 해왔지만, 훌륭한 소설을 통해 접하니 마음을 주체할 수 없었습니다. 저희 세대, 1980년대를 치열하게 통과한 사람들은 어쩔 수 없이 광주의 자식이 되었던 것이지요.

남파간첩 조작

광주 시민들은 의식 수준이 매우 높았고 이상적인 자치를 했지만, 비폭력을 고수하지는 않았습니다. 시민들이 방화한 곳이 몇군데 있는데, 광주 MBC와 KBS도 포함됩니다. 시민들이 불을 지른 이유는 명백합니다. 언론이 제구실을 못하며 진실을 왜곡했기 때문이지요. 전통이라고 하면 이상하겠지만, 우리나라에는 민중이 봉기했을 때 나쁜 언론사에 불을 지르는 일이 많았습니다. 4·19혁명 때는 서울신문사였고, 20년 뒤인 광주에서는 MBC와 KBS였지요. 시간이 지나며 시민들도 자제하게 되었는지 광화문 촛불집회에서는 조선일보사와 동아일보사 앞에 쓰레기를 버려둘 뿐이었습니다.

5월 20일에는 광주 MBC, 5월 21일에는 광주 KBS가 불탔습니다. 방화 같은 일이 전혀 없었는데도 방송에서 '폭도들에 의해서 살인, 방화, 약탈이 계속되고 있다'고 하니까, '그래? 그럼 불질러줄게' 하면서 진짜로 방송사를 불태운 겁니다. 사실 현지의 MBC 기자는 시민들의 시위에 대한 뉴스를 제대로 취재해서 상부에 올려 보냈습니다. 아직 남아 있는 그 테이프를 실제로 들어보면 목소리가 굉장히 귀에 익은데, 바로 정동영 의원입니다. 당시 기자였던 정동영 의원이 녹음한 내용은 당시 광주 상황을 제대로 전하는 몇 안 되는 자료이기도 하지요. 그때 영상에서 그가 뭐라고 했느냐면 '총성이 나고 마음은 편하지 않지만, 세상이 완전히 다르고 불안감 없고 문제없이 자유롭게 진행되고 있다. 거리에서 벌어지는 토론은 대학의 어떤 강의실에서도 들을 수 없는 수준 높은 민주주의의 훈련장이다. KBS에서 광주 물가가 폭등했다고 보도했지만 실제로는 거의 오르지 않았다' 이런 식으로 말했습니다. 그런데 방송에서는 엉뚱하게 살인, 약탈, 방화가 벌어지고 있다고 보도된 겁니다.

신군부는 광주항쟁 전부터 꾸준히 언론을 조종하려 했습니다. 그래서 광주의 일도 제대로 전하지 않고 가짜 뉴스를 전파해 여론을 왜곡하려 했지요. 그중 하나가 지금도 끈질기게 살아남아 있는 '남파간첩이 사주해서 광주에서 폭동이 일어났다'는 것입니다.

이러한 터무니없는 주장이 나온 계기는 당시 보도입니다. 광주 시민이 자치를 하고 있던 5월 24일 "시위 선동 남파간첩 1명 검거"라는 보도가 나왔습니다. 서울 경찰이 서울역에서 간첩을 검거했는데, 그가 광주에서 무장폭동을 유도하려고 남파된 간첩이라는 것입니다. 간첩 이창룡으로 발표했지만 본명은 홍종수라는 사람이었지요. 그가 진짜로 남파된 간첩이었던 건 맞습니다. 그런데 그는 5·18이 터지기 전에 남쪽으로 내려왔고, 애초에 시위 선동 임무를 맡지도 않았습니다. 어떻게 5·18이 일어나기 전에 내려온 간첩에게 광주항쟁을 뒤에서 조종하라는

불에 탄 광주MBC.

임무가 주어질 수 있겠습니까? 이건 광주를 모함한 중요한 사건이기 때문에 짚고 넘어가겠습니다.

먼저 간첩의 역사부터 살펴봐야 하는데, 1970년대 후반이 되면 남파간첩이 거의 사라졌습니다. 왜 그랬을까요? 보통 책에는 7·4남북공동성명을 통해서 신사협정을 맺었기 때문에 간첩이 없어졌다고 나옵니다. 하지만 이는 사실이 아닙니다. 간첩이 없어진 이유는 간첩을 내려보내는 북한의 대남공작이 너무나 비효율적이었기 때문입니다. 간첩을 보내는 족족 잡혔거든요.

원래 북한은 대남공작원을 남파할 때 공작원의 연고지에 보내왔습니다. 처음에는 먹혀들었지만, 시간이 오래 흘러 15년,

20년 동안 소식 없던 놈이 갑자기 나타나니 그게 간첩이지요. 더구나 분단이 고착화되면서 반공태세도 훨씬 강화되었잖아요. 남파공작원들이 연고지에 발을 붙이지 못하자 북한 당국은 연고지 공작을 포기하고 공작원을 비연고지에 보내기 시작했습니다. 자기 동네에서도 어리바리하다가 잡히는 사람들이 비연고지에서라고 잘 해냈겠습니까? 이렇게 간첩을 보내는 족족 잡히는 지경이라 북한은 아예 남파를 중단했습니다.

그렇게 되면서 간첩 잡는 공안당국은 자기들의 존재의의를 확보하기 위해 '조작간첩'을 만들어내기 시작했습니다. 국내 사정이 어려운 재일동포나 어로작업 중 북에 끌려갔다가 돌아온 납북귀환 어부, 한국전쟁 중 월북한 사람의 가족 등이 간첩 조작의 억울한 희생자가 되었습니다.

그러면 1980년 5월 24일 서울역에서 경찰들이 잡은 간첩도 억울한 사람이었을까요? 그 사람은 정말로 남파간첩이었습니다. 다만 임무가 폭동 유도는 아니었지요. 진짜 임무는 '끈 떨어진 간첩'을 찾는 것이었습니다.

남파간첩이 북쪽과 연락을 주고받으려면 난수표가 반드시 있어야 합니다. 난수표가 없으면 북에서 보내는 암호를 해독할 수 없지요. 보통 난수표는 아주 얇은 종이인데 그걸 돌돌 말아서 바지춤 같은 데 넣어두곤 했습니다. 그런데 어느날 내가 간첩인 줄 모르는 하숙집 아주머니가 친절을 베푼다고 내 바지를 빨아버렸다면, 심지어 깨끗하게 빨아준다고 빨랫방망이로 두들기기까지 했다면, 습자지는 다 문드러져서 내용이 보이지 않겠지요.

북쪽에서는 방송을 통해 숫자로 지령을 보내는데, 암호를 풀려면 난수표가 있어야 합니다. 실제로 옛날에 북한 방송을 들어보면 알 수 없는 숫자들만 10분 넘게 부릅니다. 그게 바로 간첩에게 보내는 암호였지요. 그런데 어떤 이유로든 난수표를 잃어버리면 그 숫자는 의미가 없게 되어버립니다. 이처럼 난수표 분실 등의 이유로 북한과 교신이 끊긴 간첩을 '끈 떨어진 간첩'이라고 합니다.

간첩이 전향하면 북한에서는 바로 압니다. 체포된 것도 바로 알지요. 그런데 전향도 체포도 안 되었는데 연락이 끊겼다? 그건 높은 확률로 난수표를 잃어버렸다는 뜻입니다. 그래서 북한에서는 끈 떨어진 간첩을 찾는 간첩을 다시 보냈습니다. 아무개는 목포에 정착했고, 아무개는 나주에 있을 테니 네가 가서 좀 찾아보고 난수표를 다시 건네줘라, 이런 임무를 주는 것이지요. 이렇게 끈 떨어진 간첩을 북한 당국이 찾아 나선 것은 새로운 공작원의 남파와 정착이 불가능해졌기 때문입니다.

서울역에서 잡힌 간첩의 목적지는 광주가 아니었습니다. 광주를 거쳐 더 내려가려 했는데, 광주항쟁 때문에 외곽이 다 막혀버린 겁니다. 애초에 준비한 경로는 광주에서 차를 갈아타는 것이었는데 그럴 수 없으니 일단 서울역으로 왔습니다. 그런데 서울에 와보니 비상계엄 중이라 경찰도 착검을 하고 군인이 총을 들고 왔다 갔다 하니 얼마나 불안했겠습니까. 마치 전부 자기를 잡으려고 하는 것 같았겠지요. 그래서 한가지 꾀를 냈는데, 그만 자길 죽일 꾀를 냈습니다. 간첩은 어느 할머니에게 다가가 짐을 들어주겠다고 했습니다. 그런데 말투도 이상한 사람이 갑자기 친절을 베풀자 할머니는 자기 짐을 훔치려는 줄 알고 경찰에 신고했고, 곧장 정체가 들통났습니다. 여러분이 흔히 간첩 하면 떠올리는 비정하고 치밀한 모습과는 동떨어지지요.

신군부의 진실 왜곡은 광주항쟁이 끝난 뒤에도 계속되었습니다. 1980년 7월 4일, '김대중 내란음모 사건'이 크게 보도된 것입니다. 비상계엄 전국확대 후 김대중을 연행한 신군부는 광주항쟁이 벌어지자 어떻게든 김대중과 엮으려고 했습니다. 4월에 김대중의 자택을 방문했을 뿐인 무고한 사람을 연행하여 고문하더니 거짓 자백을 받아냈고, 김대중과 20여명의 민주화 인사들이 광주항쟁을 주도했다고 날조했지요. 김대중 대통령의 장남 김홍일이 불량배들을 모아 광주에 잠입해서 폭동을 배후에서 조종하고 있다고요. 김홍일은 이때 얼마나 심한 고문을 당했는지 나중에 후유증으로 파킨슨병을 앓다가 얼마 전 세상을 떠났습니다.

7월 4일의 보도는 모든 조작이 일단락된 뒤에 나온 것입니다. 정작 김대중은 5월 17일 밤 12시에 비상계엄이 확대되자마자 바로 구속되었기 때문에 광주에서 무슨 일이 벌어졌는지도 몰랐습니다. 그저 밖에서 무언가 심각한 일이 벌어졌구나 짐작은 했다는데 뭔지는 알 수 없었다고 하지요. 7월이 되어서야 광주에서 그렇게 많은 시민이 죽었다는 걸 알게 되었다고 합니다. 아무런 증거도 없이 고문에 의한 자백만을 근거로 재판이 시작되었고 결국 김대중은 사형을 선고받습니다. 미국 행정부와 교황 요한바오로 2세 등의 구명운동에 힘입어 사형은 면했지만 몇 년 동안 한반도를 떠나 미국에 머물러야 했지요.

도청에 남은 사람들

계엄군이 광주 밖으로 물러난 후 도청 앞에는 매일 시민 수만명
이 모여서 집회를 벌였습니다. 시민들 입장에서는 어떤 일이 일
어나길 기대했을까요? 얼떨결에 계엄군을 쫓아내긴 했습니다.
그다음에는 광주 소식을 들은 다른 지역에서도 같이 들고일어
나주길 기대했을 것입니다. 그래야 광주 사건이 별 탈 없이 마무
리될 테니까요. 그런데 광주 시민들이 목숨 걸고 싸우기 시작했
는데도 서울에서 아무 소식이 없었습니다. 부산도, 대구도, 대
전도, 인천도, 심지어는 같은 호남권인 전주도 아무 소식이 없었
지요. 광주 남쪽 목포로 시위가 조금 확산되는 듯했지만 거기도
금방 잦아들었습니다.

　어떻게 해야 할까요? 광주에서 시위를 지속한다 해도 얼마
나 더 버틸 수 있을까요? 계엄군을 일단 물러나게 했고, 해방 광
주를 만들었고, 시민들끼리 감격스러운 절대공동체를 만들었지
만 끝까지 오순도순 살 수 있는 건 아니지 않습니까? 계엄군이
다시 쳐들어오는 건 시간문제였습니다. 계엄군이 작심해 광주
를 탈환하겠다고 탱크에 장갑차에 헬기를 몰고 들어오면 시민
들이 맞서 싸워 이길 수 있을까요? 다른 도시에서 연쇄 봉기가
일어나면 전두환을 몰아내고 시민들의 승리로 마무리할 수 있

을 거라 기대했지만 아무런 소식도 없었습니다. 어느 언론도 광주에서 벌어진 일의 진실을 보도하지 않았지요. 그럼 광주 시민들은 어떻게 해야 했을까요?

일부에서는 포기하자고 했습니다. 이제 저항은 실패했다. 다른 도시로 확산이 안 되니 계엄군이 광주로 마음먹고 들어오면 우리는 막아낼 수 없지 않느냐고 했지요. 맞는 말이었습니다. 시민군의 무기는 2차 세계대전 때 쓰던 칼빈 소총이었는데, 계엄군은 M16 소총에 각종 화기로 무장하지 않았습니까. 애초에 대등하게 겨룰 수는 없었습니다. 그래서 시민 중 일부는 항쟁을 포기하고 총을 내려놓자고 했습니다. 실제로 학생수습위가 5월 23일부터 총기 회수작업에 착수했지요. 제가 어릴 때만 해도 당시 항쟁을 포기하자고 했던 사람들을 두고 패배주의 또는 투항주의라고 비판하곤 했습니다. 하지만 지금은 틀린 얘기가 아니었다고 생각합니다. 산 사람은 살아야 하지 않겠습니까.

하지만 모든 이가 어떻게든 수습하자는 의견에 동조한 것은 아니었습니다. 철저한 항쟁을 주장하는 사람들도 있었지요. 총을 이렇게 쉽게 내려놓을 거면 애초부터 들지 않았어야 한다는 것입니다. 이렇게 그만두면 여태까지 싸운 것은 뭐가 되고, 지금까지 돌아가신 분들은 또 뭐가 되느냐며 총을 내려놓기를 거부했습니다. 그들은 죽는 게 뻔해도 끝까지 남아서 싸우겠다고 했습니다.

5월 22일부터 26일까지, 다섯차례 궐기대회를 열고 광주시장과 협상도 벌였지만 상황은 달라지지 않았습니다. 그저 5월 27일 새벽에 계엄군이 쳐들어오는 것이 확실하게 정해졌을 뿐입니다. 광주에서는 도청 앞 분수대를 연단 삼아서 매일 궐기대회가 열렸습니다. 늘 시민이 수만명씩 모였는데, 평화로운 분위기 속에서 다양한 사람들이 목소리를 냈습니다. 그런데 그때마다 계엄군의 헬기가 다가와서 삐라를 뿌렸습니다. 삐라의 내용은 대체로 '우리가 곧 쳐들어간다. 소탕 작전이 임박했다. 빨리 투항하라' 하는 것이었습니다. 군부와 대화를 시도하던 수습위원회는 한발 앞서 군의 작전을 알았습니다. 그리고 26일 저녁에는 시민들에게 "계엄군이 오늘밤 침공할 가능성이 크다"라고 공식 발표를 했지요.

그렇다면 어떻게 해야 할까요? 누군가는 당시 3만명이 다 같이 남아서 맞섰다면 아무리 전두환이 흉악한 놈이라 한들 설마 탱크로 밀고 들어왔겠느냐고 합니다. 중국공산당은 1989년 혁명을 했다는 자신감으로 톈안먼광장에 탱크를 몰고 들어갔지요. 그 과정에서 수천명이 목숨을 잃고 수만명이 부상을 입었는데 정권 유지에는 아무런 문제도 없었습니다. 그런 예가 있긴 하지만 저는 전두환이 중국공산당처럼 하지는 못했을 거라고 생각합니다. 만약 3만명이 도청 앞에 앉아 있었으면 총 쏘면서 들이닥치지는 못했겠지요.

하지만 안타깝게도 당시 모였던 시민들 대부분은 집으로 돌아갔습니다. 아무도 도청에 남으라고 강요하지 않았고, 아무도 집에 가겠다는 것을 말리지 않았습니다. 오로지 자신의 선택으로 남거나 떠났지요. 5월 26일 밤 도청에 남은 사람은 약 300명이었습니다. 마지막 궐기대회에 3만여명이 참여했으니 대략 99퍼센트는 집으로 돌아간 셈이지요. 하지만 그 누구도 집에 돌아간 이들을 손가락질할 수는 없을 것입니다.

5·18은 제가 자주 강연을 하는 주제 중 하나인데, 전에는 대학생들이 5·18 강연을 해달라고 하면 사건의 배경부터 발단, 전개 과정까지 굉장히 자세하게 설명했습니다. 그런데 지금은 그렇게 하지 않습니다. 시간이 너무 많이 흘렀기 때문이지요.

지금이 2020년인데 마침 5·18 40주년이 되는 해입니다. 냉정히 따져보면 일제강점기 36년보다 더 긴 세월이 흐른 셈이지요. 그러니 지금 5·18 얘기를 하는 건 해방된 다음에 대한제국 의병 하던 얘기를 하는 것과 비슷한 경우인 셈입니다. 흔한 말로 강산이 네번이나 바뀔 시간이 흐른 것 아닙니까? 저에게는 대학교 3학년 때 일어난 일이라 기억이 생생하고, 또 저희 세대 많은 사람들의 인생을 바꾼 사건이지만, 지금 대학생들한테는 아득한 과거처럼 느껴질 수밖에 없습니다. 그래서 지금은 배경, 발단, 전개 등은 짧게 얘기합니다. 저는 1980년 5월 광주를 이해하기 위해서는 그런 역사적 사실을 아는 것보다 한가지 질문을 마음속에 품는 게 더 중요하다고 생각합니다. 그 질문을 마음에 품고 자신에게 던지며 한번 끝까지 밀고 나가 스스로 답을 구해보라고, 고민해보라고 하지요.

자, 지금이 1980년 5월 26일 밤 9시에 전남도청 앞이라고 가정해봅시다. 당신이라면 거기에 남겠습니까? 아니면 집으로 돌아가겠습니까?

아무도 남으라고 강요하지 않습니다. 집에 간다고 손가락질할 사람은 없습니다. 그런데 생각해보면 누군가는 남아야 할 것 같습니다. 물론 남으면 목숨이 위험할 것입니다. 이튿날 아침 해를 보리라는 보장은 없지요. 이런 상황에서 도청에 남을까, 집에 갈까? 이 질문을 끝까지 정직하게 생각해보라고 학생들에게 물어봅니다.

우리가 1980년 5월 광주에 대해 알아야 하는 모든 것이 이 질문에 담겨 있다고 생각합니다. 제가 아무리 상세하고 드라마틱하게 설명한들 듣는 사람들은 강의실에서 나가는 순간 절반은 잊어버릴 것이고 집에 도착하면 대부분 잊을 테지만, '나라면 5월 26일 밤 어떻게 했을까?' 하는 질문만은 마음속에 품었으면 좋겠습니다.

말씀드렸듯 제가 당시 대학교 3학년이었습니다. 그때 저는 서울에 있었고 광주가 어떤 상황인지 자세히 알지 못했습니다. 광주에서 큰일이 났다는 정도만 어렴풋이 들었고, 그 진상을 알린다는 유인물을 몇장 뿌리긴 했지요. 그것도 덜덜 떨면서 말입니다. 아마 그 유인물을 뿌린 날이 제가 평생 가장 떨었던 날일 겁니다. 문래동 아니면 당산동이었던 걸로 기억하는데 노동자들이 많이 사는 동네에서 친구와 함께 100장 정도 배포했습니다.

우리 세대 중에 아직도 저와 비슷한 일을 하고 있는 이들은 앞선 질문에서 자유롭지 못한 사람들입니다. 여러분이 보기에 저는 어떻게 했을 것 같습니까? 겨우 유인물 100장 배포하는 데도 덜덜 떨었는데 어떻게 했을까요? 제가 총을 잘 쏠까요? 아니면 이 엄청난 사건을 후대에 전하는 걸 잘할까요? 총이야 저만큼 쏠 사람이 우리나라에 넘쳐날 겁니다. 하지만 이런 사건을 저만큼 후대에 잘 전달할 사람은 많지 않으리라 생각합니다. 그렇다면 제가 어떤 선택을 해야 민주화운동에 더 기여하는 것일까요? 이게 지식인의 사고방식입니다. 지식인이란 내가 집으로 돌아가야 하는 이유, 아니 집에 돌아가는 것이 오히려 운동에 더 기여하는 것이라는 이유를 1초에 수백가지는 떠올릴 수 있는 사람들입니다.

그 때문인지 당시 광주를 둘러싸고 가방끈 논쟁이라는 게 있습니다. 당시 도청에 끝까지 남은 사람들 중에 박사, 변호사, 목사, 교사 등 '사'자 들어가는 사람은 변호사 이종기, 교사 정해직 정도에 불과했습니다. 지식인이나 종교인 중에 끝까지 도청에 남았던 사람들은 거의 없었던 셈이지요. 박정희가 부마민중항쟁 때 뭐라고 얘기했는지 아십니까? 거기 나와 있는 애들 전부 '똘마니' 아니냐고 했습니다. 박정희가 얘기한 똘마니들이 누구일까요? 신문배달부, 가스배달부, 철가방, 넝마주이, 날품팔이, 구두닦이, 웨이터, 용접공 같은 직업의 사람들을 가리킨 것입니다.

그날 광주에도 박정희가 똘마니라고 불렀을 법한 사람들이 많이 남았습니다. 대학생들도 일부 있었습니다. 광주 전체 인구 중 대학생이 차지하는 비율만큼이야 남았지요. 더 남았으면 남았지 덜 남지는 않았을 것이고요. 저는 광주항쟁 전체를 놓고 보았을 때 그날 패배할 것을 뻔히 알면서 죽음을 각오하고 도청에 남은 사람들이 있었다는 점이 중요하다고 생각합니다.

그분들은 도대체 왜 도청에 남았을까요? 혹시 죽어라 싸우다 보면 계엄군을 물리칠 수 있다고, 광주를, 아니 도청이라도 지킬 수 있다는 헛된 생각을 했을까요? 그런 바보는 없었을 겁니다. 그런데 말입니다. 그날 모두가 총을 내려놓았다면 5월 광주는 우리 가슴에 오늘과는 다른 모습으로 남았을 것입니다. 끝까지 총을 내려놓지 못한 사람들이 있었던 것이 광주를 더욱 특별하게 만듭니다. 승패가 문제는 아니었습니다. 왜 총을 내려놓을 수 없다고 했을까요? 말로는 설명하기 참 어렵습니다. '걍' 내려놓을 수 없었다고나 할까요? 텅 빈 도청에 전두환과 그 졸개들이 씩 웃으며 들어온다면 지금까지 죽은 사람은 뭐가 되고 지금까지 싸운 건 또 뭐가 되느냐는 것이지요. 산 사람을 더 생각하는 자들은 총을 내려놓자고 했고, 죽은 이들을 더 생각하는 자들은 총을 놓을 수 없었다고 할까요?

흔히 광주항쟁을 5·18이라고 부르지요? 시민들이 공수부대의 만행에 맞서서 당당하게 싸운 게 중요하니 5월 18일이라는 날짜가 중요하긴 합니다. 하지만 저는 광주의 항쟁이 장엄하게 진압된 5월 27일이 더 중요하다고 생각해요. 5월 26일 밤과 5월 27일 새벽 그 시간이 말입니다. 몇 년 전 인기리에 방영된 드라마 「미스터 선샤인」(2018)에서 유진 초이(이병헌 분)가 이런 이야기를 해요. "빼앗기면 되찾을 수 있으나 내어주면 되돌릴 수 없다. 빼앗길지언정 내어주진 말라." 딱 광주 얘기지요. 이 대사를 듣는데, 1980년 5월 26일 밤 도청에 남은 분들이 생각나 울컥했습니다.

그분들이 지키려고 했던 것은 도청이라는 건물이 아니었을 겁니다. 그때까지 광주 시민들이 왜 싸웠는지, 그 의미를 지키고자 했던 것입니다. 5월 광주가 끊임없이 산 사람들을 불러내는 힘도 여기 있는 것이지요.

그날, 그 사건을 무엇이라 명명해야 하나

흔히 줄여서 5·18이라 부르지만, 1980년 5월 광주에서 일어난 일은 입장이나 강조점에 따라 다양한 이름으로 불립니다. 그 명칭 이야기를 해보도록 하지요. 당시에는 언론이 전두환 등 신군부가 이름 붙인 대로 '광주사태'라고 불렀지요. 지금도 수구 진영에서는 이 시대착오적인 명칭을 그대로 쓰고 있어요. 오늘날 우리 주변에서 제일 많이 쓰이는 명칭인 '5·18'에 대해 생각해볼까요? 우리나라에서는 유독 사건이 발생한 날짜로 해당 사건을 줄여 부르는 경향이 있습니다. 4·3, 4·19, 5·16, 5·17, 5·18, 6·25, 8·15, 10·26, 12·12 등등 숱하게 많아요. 특히 사건의 성격을 두고 논란이 있을 경우에 날짜만 따서 사건 이름을 부르곤 합니다. 6·25만 하더라도 뒤에 6·25사변, 6·25동란, 6·25전쟁이 올 수도 있고, 5·16도 5·16쿠데타, 5·16군사반란, 5·16정변, 5·16군사혁명 등이 올 수 있어요. 이렇게 날짜만 부르는 것은 그 사건이 언제 일어났는지 시험공부를 할 때야 편하겠지만, 사건의 성격 규정을 회피한다는 문제가 있지요. 예를 들어 한국전쟁을 어떻게 부르느냐에 따라 전쟁이 6월 25일에 갑자기 시작되었느냐, 아니면 분단 이후 다른 시점에 시작되었느냐와 같이 사건의 성격을 규정하는 방식에 매우 중요한 차이가 생깁니다.

국가에서 정한 공식 명칭은 '5·18민주화운동'입니다. 「5·18민주화운동 진상규명을 위한 특별법」에 따르면 5·18민주화운동이란 "1980년 5월 광주 일원에서 일어난 시위에 대하여 군부 등에 의한 헌정질서 파괴범죄와 부당한 공권력 행사로 다수의 희생자와 피해자가 발생한 사건을 말한다"고 되어 있어요. 교과서에도 이렇게 나올 겁니다. 1980년 5월 광주에서 일어난 일련의 사건이 우리나라의 민주주의 발전이나 이후의 민주화운동에 미친 영향을 생각한다면 '5·18민주화운동'이라는 명칭이 당연하다 할 수 있습니다.

저도 이 명칭을 쓸 때가 있지만, 1980년 5월 당시의 관점에서 상황을 잘 표현하는 이름인가 생각해보면 조금 망설여집니다. 제가 너무 민감한 것인지 모르지만, 민주화운동이라 부르면 재야 민주투사나 학생운동 출신의 민주화운동가들이 중심이 되는 사건처럼 들리지 않나 싶어요. 일반 시민들이 분노하고 시위에 나서게 된 것이 꼭 민주화를 위해서였는지 생각해볼 여지가 있지 않을까요? 저는 5·18민주화운동이라고 부를 때마다 왠지 딱 맞아떨어지지 않는다는 느낌을 받습니다. 왜 그럴까요? 두말할 필요 없이 우리나라 민주화운동에 가장 크게 기여한 사건이지만, 마지막 순간에 도청에 남은 분들이 민주주의를 지키기 위해서 남은 건 아니었다고 생각하기 때문입니다. 처음에 봉기한 이들도, 계엄군에 맞서 싸운 사람들도 왜 들고일어났느냐고 물어보면 민주주의를 지키기 위해서라고 답할 것 같지는 않습니다. 오히려 그냥 두고 볼 수 없어서, 가만히 있으면 안 될 것 같아서 맞섰노라고 말할 것 같습니다. 국가에서 준 무기를 손에 든 군인들이 그렇게 시민을 살상하면 안 되지 않습니까? 그런 부조리에 저항하는 건 시민으로서 당연한 일일지도 모릅니다. 그래서 시민들이 총을 들고 나섰고, 5월 26일에는 여태껏 싸웠는데 그냥 내줄 수 없어서 남았던 게 아닐까요. 저는 이분들의 역할, 특히 마지막까지 도청에 남은 분들의 역할이 중심이 되는 명칭을 택해야 하지 않나 생각합니다. 그들이 내줄 수 없었던 것은 무엇일까요? 무엇을 지키려고 했을까요? 도청이라는 건물은 아니었습니다. 그렇다고 민주주의 같은 이념도 아니었습니다. 차라리 원초적인 정의감이라고 해야 할까요? 그들은 며칠 동안 자신들이 싸워왔던 그 의미, 눈에 보이지 않는 의미를 지키려고 했던 것입니다. 저는 그런 민중적 성격을 살린다면 '광주민중항쟁'이란 표현이 더 적절하지 않나 싶어요.

광주항쟁에 대해 다룬 책으로 가장 유명한 것은 아마 『죽음을 넘어 시대의 어둠을 넘어』(황석영·이재의·전용호 지음, 초판 풀빛 1985, 개정판 창비 2017)일 것입니다. 광주항쟁 5년 뒤인 1985년에 처음 나와 '넘어넘어'라는 애칭으로 불리다가 2017년 다시 증보판이 간행되었지요. 가장 기본적인 책인데, 그에 못지않게 훌륭한 책으로 앞서 언급한 서울대 최정운 교수가 쓴 『오월의 사회과학』이 있습니다. 그 책에 보면 잔인하다고 할지, 냉정하다고 할지, 5월 26일에 대해 "그날 살고 싶었던 사람들은 다 살았고 죽기를 작정한 사람들도 한 반은 살았다"(231면)라고 표현했습니다. 왜 죽고자 한 사람이 살았다고 했느냐면, 다행이라고 할지 도청에서 사망한 이들이 생각만큼 많지는 않았습니다. 최정운 교수가 반은 살았다고 했지만, 실은 그보다 더 많이 살았지요. 그에 대해 제일 자세하게 조사한 이는 국방부 과거사위원회에서 5·18 담당 조사관으로 일했던 조선대 노영기 교수인데, 도청에 남았다가 계엄군에 희생된 이들이 아무리 많아도 30명 이내일 듯하다고 합니다.

물론 30명도 결코 적은 숫자는 아닙니다. 국가폭력에 희생된 사람은 단 한명도 없어야 마땅하지요. 다만 우리 역사가 워낙 울퉁불퉁하다보니까 제주4·3사건 때 하룻저녁에 한마을에서 죽은 사람이 광주보다 많은 경우가 수두룩합니다. 그럼에도 우리가 5·18을 계속 이야기하는 이유는 무엇일까요? 광주에서 사람이 많이 죽어서가 아닙니다. 5월 26일 도청에 남은 사람들이 있었기 때문입니다.

광주에는 죽을 줄 뻔히 알면서 저항을 멈추지 않은 이들이 있었습니다. 다 집에 갔으면 텅 빈 도청을 전두환한테 내줘야 했겠지요. 전두환과 그 졸개들이 손쉽게 도청에 들어오는 꼴은 도저히 두 눈 뜨고 볼 수 없는 사람들이 남았습니다. 복잡하지 않습니다. 그냥 남아야 할 것 같아서 남았다는 겁니다. 다 집에 가버리면 안 될 것 같아서 남았다는 겁니다. 민주주의를 지키기 위해서 남았다? 저는 그렇게 생각하지 않습니다. 그래서 저는 군이 이름을 붙인다면 '5·18민주화운동'보다는 '광주민중항쟁'이라고 쓰고 싶습니다.

광주 사람들 중에는 이 사건의 전국적인 의미가 퇴색될까봐 '광주'라는 지역명을 사건의 명칭에서 빼자고 하는 이들도 많습니다. 지긋지긋한 지역감정에 우리 현대사가 오염되어온 현실을 생각하면 충분히 이해가 가는 입장이기도 합니다. 하지만 저는 광주항쟁은 출발부터 전국구였다고 생각합니다. 심지어 저는 고향이 서울이지만 제 정신적 고향은 광주라고 말합니다. 제 세대 중 많은 사람들은 정신적으로 분명 '광주의 자식들'이에요. 광주민중항쟁은 우리 민주화운동의 역사에서 의심할 여지 없이 가장 중요한 사건입니다. 광주는 하나의 지역명이 아니라 한국 민주주의의 고향이라고 할 수 있는 자랑스러운 이름이자 '우리들의 영원한 청춘의 도시'입니다.

산 자의 기억

우리를 기억해주십시오

영화 「화려한 휴가」(2007)의 마지막 장면을 기억합니까? 배우 이요원이 연기한 신애라는 등장인물이 마이크를 들고 외칩니다. "광주 시민 여러분, 광주 시민 여러분. 우리를 기억해주십시오. 우리는 폭도가 아닙니다." 집에서 이 소리를 듣는 사람들 심정이 어땠을까요? 굳이 호소하지 않아도 폭도가 아닌 줄 다 압니다. 조금 전까지 도청 앞 분수대에 같이 있었는데 모를 리가 없지요. 그런데 왜 폭도가 아니라고 호소할까요? 자기들이 죽고 나면 전두환이 폭도라고 꼬리표를 달 거 아닙니까. 그러니 조금 전까지 우리랑 같이 도청에 있었던 당신들만이라도 기억해달라고 외친 겁니다. 그 얘기를 깊은 새벽 계엄군의 진압작전을 앞두고 집에서 듣는데, 이건 귀로 듣는 게 아니죠. 가슴으로 듣는 겁니다.

이 호소가 끝나고 얼마 지나지 않아 계엄군이 더 성능 좋은 스피커로 방송을 합니다. "광주 시민 여러분, 광주 시민 여러분. 이제 곧 군이 작전을 개시하오니 시민 여러분은 꼼짝 말고 집 밖으로 나오지 마십시오. 폭도들은 들어라, 투항하라, 투항하라!" 그리고 잠시 뒤 총소리가 울리기 시작했습니다. 좁은 광주 바닥에서 그 총소리를 못 들었겠습니까? 새벽 4시쯤이었는데, 밤이

깊었으니 쿨쿨 잤을까요? 광주 사람들 다 뜬눈으로 밤을 새웠습니다. 자신들을 기억해달라는 시민군의 애절한 호소도, 냉정하고 잔혹한 총소리도 다 들었습니다. 집에 있던 사람들의 마음은 어땠을까요? 도청에 남은 사람들이 열심히 싸워주었으면, 오래 버텨줬으면 하고 바랐겠지요. 하지만 앞서 말했듯 화력 차이가 워낙 심하다보니까 금방 끝났습니다. 30~40분 만에 총소리가 멎었지요. 심지어 실제로 계엄군이 시민군을 제압하는 데 걸린 시간은 10분이 채 되지 않는다고 합니다. 그 뒤의 총소리는 도청 구석구석을 수색하며 경고 사격을 한 것이지요.

30~40분이라면 그다지 긴 시간은 아니었을 겁니다. 하지만 그날 밤 집에서 그 총소리를 들어야 했던 사람들에게는 반만년 우리 역사에서 가장 긴 새벽이었을 겁니다. 그 새벽을 보내고 난 사람들 마음이 어땠을지 감히 짐작도 하기 어렵지요. 살아남은 사람들이 날이 밝아 라디오를 틀었더니 어떤 소식이 흘러나왔을까요? 광주의 폭도들은 소탕됐다고, 이제 광주에 안정과 질서가 찾아왔다고, 새로운 시대가 열렸고 새 시대를 이끌어갈 위대한 지도자로 전두환 장군이 있다고, 신군부의 의도 그대로 방송이 나왔습니다.

앞서 말했지만 당시 도청에 300여명이 남았고, 그중 대략 30명이 희생되었습니다. 중상자를 제외하고 나머지 250여명은 산 채로 계엄군에 끌려갔지요. 계엄군은 인정사정없었습니다. 죽은 이를 질질 끌고 가서 도청 계단에 핏자국이 그대로 남기

계엄군이 널브러놓은 시신을 기자들이 촬영하고 있다.

도 했습니다. 살아남은 사람, 죽은 사람 가리지 않고 질질 끌고 가서 모아놓았는데, 그 광경을 촬영한 이가 영화 「택시운전사」 (2017)의 모티프가 된 독일 기자 위르겐 힌츠페터(Jürgen Hinzpeter) 입니다.

힌츠페터가 촬영한 영상 중에서 눈에 띄는 장면이 있습니다. 그가 촬영하고 있는데 죽은 시민 옆에 엎드려 있는 한 시민이 살아서 꿈틀꿈틀했습니다. 힌츠페터도 눈치챘는지 좀더 가까이 다가가서 찍었는데, 그 살아 있는 시민의 눈빛을 한번 보면 절대 잊을 수 없습니다. 그야말로 '살아남은 자의 슬픔'이 느껴지기 때문입니다. 그 살아남은 분은 지금도 생존해 계신데 심각한 트라우마로 정상 생활이 힘들 만큼 고통받고 있다고 합니다.

시민군을 제압하고 등에 글씨를 쓰는 계엄군.

위의 사진에서 계엄군이 시민군을 도청에서 끌어내 등에 무언가 쓰고 있는 것이 보이지요? 총기 소지, 악질 극렬 폭도, 실탄 몇십발 소지, 이런 식으로 체포된 시민군들의 등급을 매겨 등짝에 써서 상무대로 보냈습니다. 상무대에서 등급에 따라 두들겨 맞고 모진 고문을 당했습니다.

그러면 숨을 거둔 사람들은 어떻게 했을까요? 그것도 사진으로 남아 있습니다. 쓰레기차입니다. 쓰레기차에 관을 차곡차곡 포개서 실었습니다. 지금 광주 망월동에 가보면 국립묘지가 되어 잘 모셔져 있습니다만, 저분들이 처음 망월동으로 갈 때는 한분 한분 꽃상여 타고 간 것이 아닙니다. 쓰레기차에 관을 포개 실었어요. 「임을 위한 행진곡」의 주인공 윤상원 열사도 저기

항쟁 희생자들의 관을 쓰레기차에 싣고 소독약을 뿌리는 장면.

어디 있을 겁니다. 게다가 1980년 5월이 더웠다고 하지 않았습니까? 부패를 우려해 관에 소독약을 쫙 뿌렸습니다.

저 아이의 사진(다음 면)을 보신 적이 있나요? 저는 1984년인가 1985년에 처음 본 것 같아요. 친구들과 농담하며 집에 가다가 캠퍼스 벽에 크게 확대해놓은 사진을 보고 셋이 다 얼어붙었어요.

그 광경을 처음 봤을 때 느낌이 아직도 남아 있습니다. 심장을 날카로운 얼음칼로 푹 찔린 것 같은, 그 칼이 그대로 박혀 있는 듯한 느낌이었지요. 이 사진의 주인공 조천호 씨는 그때 다섯 살이었대요. 나중에 망월동 국립묘지가 조성되면서 관리직원이 되어 아버지와 다른 분들의 묘소도 돌보고 전시관 안내도 했다

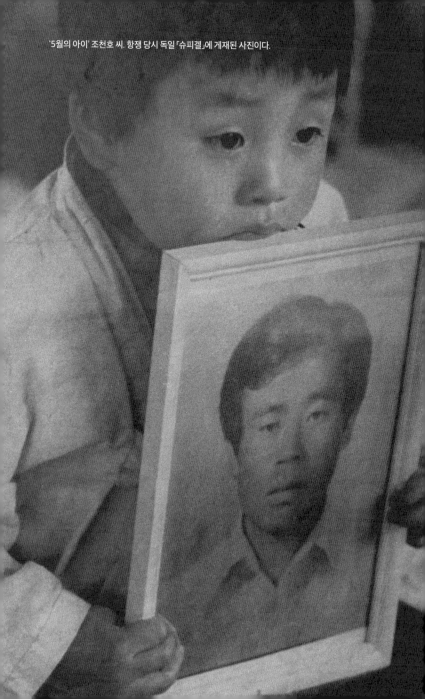

'5월의 아이' 조천호 씨. 항쟁 당시 독일『슈피겔』에 게재된 사진이다.

고 합니다. 지금은 광주시청에서 공무원으로 일하고 있다고 들었어요.

한편 광주가 진압된 후 전두환의 정권 장악 계획이 본격화됩니다. 5월 27일, 광주에서 학살이 일어난 그날 국무회의에서 국가보위비상대책위원회(이하 국보위) 설치를 결정합니다. 국무회의는 형식상 필요했을 뿐 실상은 전두환이 원한 대로 진행된 것이지요. 5월 31일에는 국보위가 정식으로 발족하며 전두환은 상임위원장으로 취임합니다. 국보위는 이름은 다르지만 5·16군사반란을 일으킨 박정희 일당이 만들었던 국가재건최고회의를 그대로 본뜬 기관이었습니다. 그러니 전두환의 의도는 뻔했지요. 1980년 8월 초 전두환은 육군 대장으로 진급합니다. 초고속 승진이었는데, 그 뒤에 며칠 지나지 않아서 예편합니다. 이 역시 박정희가 했던 쇼를 그대로 따라한 것입니다. 전두환은 최규하를 끌어내리고 며칠 뒤에 유신 시대의 잔재인 통일주체국민회의에서 11대 대통령에 선출됩니다. 10월 말에는 이른바 5공 헌법을 제멋대로 만들었고, 이듬해인 1981년 3월에는 역시 체육관 선거를 통해 제5공화국 대통령에 선출되었지요. 광주항쟁이 일어나고 불과 1년이 지나지 않았는데 정권을 완벽하게 장악한 것입니다.

전두환이 정권을 잡는 과정에서 정말 어처구니없는 일이 많았습니다. 이른바 '전비어천가'도 그 무렵에 등장했지요. 쉽게 말해 언론에서 전두환을 아낌없이 띄워준 것입니다. 1980년 8월

23일자 『조선일보』가 '전비어천가'를 신습니다. 한면을 전부 할애했는데, 한가운데의 커다란 전두환 사진 위에 '인간 전두환'이 한자로 큼지막하게 쓰여 있었습니다. 그런데 지금 조선일보 데이터베이스에서 '인간 전두환'으로 기사 검색을 해보면 해당 면이 나

안병하

오지 않습니다. 그날 신문의 3면에 실린 기사였는데, 1면과 2면 다음에 3면을 건너뛰고 4면으로 이어집니다. 아예 데이터베이스에서 삭제해버린 것이지요. 자신들도 창피한 기사라고 생각하는 모양입니다. 당시 전두환을 띄우는 기사가 많았지만 『조선일보』 기사가 으뜸이었습니다. 그야말로 아부란 이렇게 하는 거라는 모범을 보여주었지요. 만년 2등이었던 『조선일보』가 이 무렵 『동아일보』를 제치고 1위에 오릅니다. 정작 자신들은 지워버리고 싶을 정도로 창피한 과거 덕에 지금의 『조선일보』가 있는 셈입니다.

　반면 광주에 대해서는 어땠느냐? 관련자들은 철저히 탄압했고, 언론은 손발을 묶어버렸습니다. 당시 전남도경 국장이 안병하였습니다. 육사 8기였던 안병하 국장은 광주항쟁 직후 직위 해제된 다음 신군부에 연행되었고 극심한 고문을 당했습니다. 그 뒤에 고문 후유증에 시달리다 1988년 눈을 감았지요. 안병하가 왜 고문을 받았느냐면, 광주항쟁 당시 시위대에 발포하라

는 명령을 거부했기 때문입니다. 안병하는 경찰이었지만 동시에 광주 시민이기도 했습니다. 그래서 공수부대가 광주에 내려와 폭력을 휘두르고 발포까지 하는 상황을 도저히 납득하지 못했지요. 안병하는 육사 동기였던 계엄사령관 이희성이 경찰이 무장하고

이준규

발포해 도청을 접수하라고 한 명령을 거부하고 오히려 사고를 우려해 경찰들의 무기를 회수하라고 명령했고, 부상당한 시민을 치료하며 음식을 제공해주었습니다. 시민을 지키고 도와주는 경찰의 본분에 충실한 행동이었지만, 신군부에는 괘씸죄로 단단히 찍혔던 것입니다.

안병하 국장뿐 아니라 당시 경찰 약 80명이 시위하는 시민을 제대로 진압하지 않았다는 이유로 징계를 당했습니다. 이준규 목포서장도 그중 한명인데, 파면으로 가장 강한 징계를 받았지요. 당시 목포에서도 시위가 있었는데 이준규 서장은 시위대에게 절대로 발포하지 말라고 명했습니다. 시위대를 설득하여 모든 무기를 회수했는데, 심지어 경찰이 가진 무기도 모두 거둬들였지요. 요즘 같으면 모범 사례로 높이 평가되겠지만 신군부는 이준규 서장을 연행하여 역시 가혹하게 고문했습니다. 이준규 서장은 그 뒤 건강이 나빠져 투병 끝에 1985년 눈을 감았습니다. 신군부의 여론 조작 때문에 눈을 감을 때까지도 직무를

유기한 경찰로 억울한 누명을 썼다고 합니다. 2019년에야 이준규 서장의 징계가 취소되어 뒤늦게 명예를 회복했지요.

광주에 대해 알리고자 한 언론이 있긴 했지만 제대로 기사를 내보내지는 못했습니다. 당시 『전남매일신문』이 광주항쟁 기간 동안 신문을 발행하지 못하다 6월 초 발행을 다시 시작하면서 「아, 광주여, 우리나라의 십자가여!」라는 김준태의 시를 내보내려 했습니다. 여담이지만 김준태 시인은 나중에 5·18 기념재단 이사장을 맡기도 했습니다. 짐작이 되겠지만 김준태의 시는 항쟁 동안 희생된 이들을 기리는 내용이었습니다. 그런데 그 시가 신군부에 의해 검열을 당했습니다. 붉은 펜으로 삭제할 부분을 표시했는데 거의 전부라 해도 과언이 아니었지요. 심지어 제목에서 '우리나라의 십자가여!'도 삭제되었습니다.

1980년 6월 2일자 『광주일보』(당시 이름은 전남일보) 1면 머리기사의 제목은 '무등산은 알고 있다 위대한 광주 시민정신'이었으나 뒷부분이 삭제되어 '무등산은 알고 있다'라고만 나갔다고 합니다. 오히려 더 좋은 제목이 되었지요. 무슨 말이 더 필요하겠습니까? 『광주일보』는 그후 1980년 10월의 언론 통폐합 과정에서 사라져버리고 말았습니다.

저는 강연이나 인터뷰를 할 때 그 헤드라인을 이렇게 바꿔서 말합니다. '무등산만 알고 있다.' 서울의 남산도, 부산의 금정산도, 대구의 팔공산도, 대전의 계룡산도, 인천의 계양산도 몰랐습니다. 아니, 모르는 척했다고 해야겠지요. 그만큼 광주는 외로웠습니다.

하지만 아무리 막강한 권력이라도 진실을 영원히 가릴 수는 없는 법입니다. 광주 역시 마찬가지입니다. 국내 언론은 광주의 진실을 알리지 못했거나 알리지 않았지만, 힌츠페터를 비롯한 외신에서는 달랐습니다. 시간이 지나며 그런 외신의 기사나 사진도 국내에도 들어왔지요. 사람들은 음지에서 외신 기사를 공유하며 광주의 진실을 알게 되었습니다. 한가지 특기할 만한 것은 이때 처음 비디오테이프가 보급되기 시작했습니다. 비디오테이프의 보급은 기술 발전도 있지만 전두환의 3S 정책(Sport, Screen, Sex)과 밀접한 관련이 있습니다. 비디오테이프로 제일 많이 퍼진 것이 포르노 영상이었으니까요. 이것 본다고 여관이고 가정집이고 비디오 기기를 많이 들여놨는데, 광주의 진실을 담은 비디오도 널리 퍼지게 된 것이죠. 1979년의 이란혁명은 '카세트테이프 혁명'이라 불리는데, 1980년대 광주의 진실을 찾는 투쟁은 가히 '비디오 혁명'이라 불릴 만했어요. 사람들이 광주의 진실을 담은 비디오를 보며 뒤늦게나마 분노하고 슬퍼하고 민주화에 대한 새로운 의지를 불태웠지요.

역사를 보면 잘 지는 게 구차하게 이기는 것보다 훨씬 중요할 때가 있습니다. 광주가 그랬지요. 아까 쓰레기차에 관을 포개 싣고 가는 사진을 보세요. 광주는 결과만 놓고 보자면 이루 말할 수 없이 참담한 패배였습니다. 하지만 애초에 질 수밖에 없는 싸움이기도 했지요. 지는 싸움을, 질 수밖에 없는 싸움을 구차하게 피하지 않은 겁니다. 그래서 광주에서 겪은 참담한 패배는 동시에 장엄한 패배이기도 합니다. 그렇게 장엄한 패배였기 때문에 살아남은 사람들, 도망갔던 사람들, 진실을 몰랐던 사람들을 다시 불러들일 수 있었습니다. 그들이 모여 참담함을 딛고 다시 싸우기 시작한 것이지요.

5월 다음은 6월입니다. 저는 6월항쟁에 대한 인터뷰나 강연도 참 많이 해왔습니다. 6월항쟁이 도대체 무엇이냐는 질문도 종종 받는데 제 답은 한결같습니다. "복잡하지 않습니다. 5월에 집에 돌아갔던 사람들이 6월에 다시 나와서 싸운 겁니다." 1980년대를 살았던 사람들은 말뜻을 단번에 알아듣습니다. 그다음 세대는 잠깐 생각하다가 깨닫지요. 1980년 5월과 1987년 6월 사이에는 7년이라는 간격이 있지만, 한 호흡이었습니다. 당시 사람들은 그 시간을 한 호흡으로 살아냈습니다.

만약 5월 26일 밤, 5월 27일 새벽에 아무도 도청에 남지 않고 모두 집으로 갔다면, 그래서 전두환과 그 일당이 빈 도청에 무혈 입성했다면 어떻게 되었을까요? 1987년 6월에 사람들이 거리로 나오지 않았을 수도 있습니다. 도청에 남았던 300명이 우리를 거리로 불러낸 것입니다.

살아남은 자의 슬픔

1980년 5월 27일, 해가 뜬 뒤에도 살아남은 사람들에게는 '살아남은 자의 슬픔'(베르톨트 브레히트의 시 제목)이라는 것이 생겨났습니다. 광주에 있었던 사람들은 물론이고 뒤늦게 광주의 진실을 알게 된 사람들도 마찬가지였지요. 어떻게 보면 광주가 우리 현대사의 돌연변이들을 만들어낸 것입니다. 이른바 '광주의 자식들'이라는 세대 말입니다. 저 역시 그 세대에 포함됩니다.

그렇게 살아남은 사람 중 박관현이 있었습니다. 박관현은 광주항쟁 당시 전남대 학생회장이었습니다. 항쟁이 일어나기 전까지 광주의 시위를 이끈 당시 최고 유명인사로 '광주의 아들'이라고까지 불렸습니다. 박관현은 워낙 학생운동계에서 거물이었기 때문에 5월 17일 비상계엄이 전국에 확대되자마자 피신했습니다. 계엄군이 자기부터 잡으려 들 게 뻔하기 때문이었지요. 그런데 피신하고 보니 광주에서 엄청난 일이 벌어졌습니다. 전혀 예상하지 못한 일이었고, 광주에 다시 들어가려고 했지만 사방이 막혀서 들어갈 방법이 없었지요. 당시 광주에서는 박관현이 계엄군들에게 살해당했다는 잘못된 소문까지 돌았습니다. 광주에서 많은 사람이 죽어나가는데 박관현은 아무것도 할 수 없었지요. 아마 박관현이 살아남은 자의 슬픔을 가장 먼저, 가장

무겁게 느낀 사람이 아니었을까 짐작
합니다. 박관현은 광주항쟁 뒤 광주
의 진상을 알리는 운동을 하다가 체
포되었습니다. 그리고 옥중에서 자기
몸을 돌보지 않고 단식을 거듭하다가
결국 세상을 떴지요.

박관현

　박관현뿐 아니라 1980년대에는
수많은 열사들이 나왔습니다. 이토록 많은 이들이 목숨을 잃어
야 했다는 사실이 서글플 정도지요. 박관현보다 먼저 광주의 진
실을 알리기 위해 자기 몸을 던진 사람으로 김의기라는 경상도
영주 출신 청년이 있습니다. 서강대 졸업생으로 기독교 단체에
서 실무자로 일하고 있었는데 마침 농촌활동 준비 때문에 광주
쪽에 왔다가 계엄군이 무자비하게 시위를 진압하는 현장을 목
격해서 기록으로 남기고 사진도 찍었답니다. 그걸 후배한테 맡
겼는데 후배가 너무 겁이 나서 불태웠다고 하지요. 그 후배의 심
정도 이해는 되지만 남아 있었다면 귀중한 자료였을 텐데 아쉽
기만 합니다. 광주가 진압되고 며칠 지나지 않은 5월 30일, 김의
기는 종로5가 기독교회관에서 광주의 진상을 밝히려고 했습니
다. 하지만 계엄군의 삼엄한 감시 탓에 예정되었던 기도회가 취
소되었고, 결국 김의기는 「동포에게 드리는 글」이라는 유인물을
뿌리고 투신했습니다. 당시 기독교회관 앞에 장갑차가 있었는데
바로 옆에 떨어졌다고 하지요. 김의기가 뿌린 유인물의 첫 문장

은 다음과 같습니다.

> 피를 부르는 미친 군홧발 소리가
> 우리가 고요히 잠들려는 우리의
> 안방까지 스며들어 우리의 가슴
> 팍과 머리를 짓이겨 놓으려고 하
> 는 지금, 동포여, 무엇을 하고 있
> 는가?

김의기

　광주에서 수많은 이들이 국가의 폭력에 의해 목숨을 잃었
는데, 동포들은 진실도 모르는 채 무엇을 하고 있는가 묻는 것이
지요. 지금 보아도 가슴속을 찌르는 듯한 아픈 질문입니다. 광주
항쟁 이후 수많은 열사들이 나왔는데, 그중에서 김의기가 광주
항쟁 때문에 정치적으로 자살한 최초의 열사입니다. 지금도 노
동 상담과 강의를 하는 하종강 선생을 아시나요? 저에겐 어떻게
저렇게 한결같이 흔들리지 않고 열심히 살까, 늘 존경의 마음으
로 바라보게 되는 선배입니다. 이분이 김의기 열사의 친구예요.
자기가 그렇게 사는 건 나중에 죽은 뒤에 의기 만났을 때 부끄
럽지 않기 위해서랍니다. 아마 아직도 책상머리에 5월 26일 밤
만약 자신이 도청에 있었으면 총을 들었을까 써 붙이고 있을 겁
니다. 1980년대부터 지금까지 광주를 잊지 못한 사람들의 삶이
다 그렇습니다. 도청에 남은 분들이 수많은 열사들을 낳았고,

많은 사람들이 그 열사들의 자장 속에서 살아온 것입니다.

그다음으로 김태훈이라는 열사도 있었습니다. 전공이 달라서 기억에는 남아 있지 않지만 저와 대학 동기고 같은 수업도 들은 적이 있다고 합니다. 김태훈은 전라도의 유복한 가문 출신으로 고등학교는 광주에서 나왔습니다. 다만 운동권 학생은 아니었지요. 광주항쟁이 진압되고 딱 1년 뒤인 1981년 5월 27일, 서울대에서 데모가 있었습니다. 당시 데모는 지금과 달라서 알음알음 몇시에 어디서 데모가 있다고 귓속말로 전한 뒤에 시간이 되면 순식간에 모여서 구호를 외치다가 경찰이 뒤늦게 나타나 진압하는 방식이었습니다. 김태훈은 운동권이 아니라서 집회가 있는 줄도 몰랐고 도서관에서 공부를 하고 있었다고 해요. 그날은 광주항쟁 진압 1주년이기 때문에 경찰도 미리 대비를 하고 있다가 시위가 시작되자 신속하게 주동자를 검거하고 강경하게 대오를 해산시켜 학생들은 얼마 못 가 흩어져버렸지요.

김태훈은 그 광경을 도서관 5층에서 보고 있었다고 합니다. 집회가 경찰에 의해 오래 버티지 못하고 해산되자 김태훈은 갑자기 "전두환을 처단하라! 처단하라! 처단하라!"라고 외치고는 5층 창문에서 투신했습니다. 그는 그날 투신할 생각이 전혀 없었을 겁니다. 공부하러 학교에 나왔을 뿐이었지요. 그 때문에 김태훈은 흔한 유서 한장 남기지 못했습니다. 앞서 수많은 열사가 있다고 했는데 그중에 유서 한줄 남기지 못한 이는 김태훈 열사밖에 없습니다. 광주에서 학창 시절을 보낸 이로서 마음속 깊은

곳에 어떤 분노와 울분, 슬픔 등이 있지 않았을까 짐작합니다.

사람이 떨어졌기 때문에 흩어졌던 시위대가 김태훈 열사 주위로 다시 모여들었답니다. 경찰은 시위대 모인 곳을 향해 최루탄을 엄청나게 쏴댔지요. 당시 목격자에 의하면 김태훈 열사는 바로 절명하지 못하고 부들부들 떨고 있었다고 합니다. 그런 김태훈 열사의 몸 위로 최루탄이 눈처럼 하얗게 쌓였다고 하지요. 그 광경을 본 사람은 어떻게 되었을까요? 한번 본 이상 아무일도 없었다는 듯이 모른 척하고 살아가기가 어렵지 않았을까요? 이런 사람들이 어쩔 수 없이 '광주의 자식들'이 되는 겁니다.

광주의 처참하고도 장엄한 패배로부터 3년 반이 지난 1983년 9월 30일 각 대학의 학생운동 출신들이 모여서 민주화운동청년연합(이하 민청련)을 결성했습니다. 학생운동 하던 이들이 다 도망가서 숨죽이고 있다가 3년 반쯤 지나서야 다시 모여 처음으로 학교 밖에서 무언가를 만들었지요. 그걸 기념해서 나온 노래가 「모두들 여기까지 달려왔구나」였습니다. 저도 민청련의 회원이었는데 고 김근태 의원이 초대 의장이었지요. 고 김근태 의원 생전에 의장님, 의장님 하고 부르는 이들이 많았는데 바로 민청련 의장을 맡았었기 때문입니다.

민청련의 상징은 옴두꺼비였습니다. 왜 하필 옴두꺼비를 내세웠을까요? 옴두꺼비는 산란기에 알을 배면 뱀을 만나도 도망가지 않는다고 합니다. 뱀이 두꺼비를 잡아먹지 않습니까? 그런데도 뱀 앞에서 도망가질 않고 뱀이 피해서 가려 하면 오히려 뱀의 앞을 가로막고 화를 돋워서 잡아먹힌답니다. 일부러 잡아먹힌다니 이상하지요? 옴두꺼비는 뱀이 잡아먹은 그 순간부터 용을 써서 온몸에 독을 뿜어내고 뱀의 몸 안에 알을 낳습니다. 어미 두꺼비는 뱀에게 잡아먹혀 죽지만, 뱀 역시 두꺼비의 독 때문에 결국 죽습니다. 그러면 뱀의 몸 안에서 부화한 새끼 두꺼비 수십, 수백 마리가 뱀의 몸을 파먹으면서 자란다는 것이지요. 그런 옴두꺼비가 민청련의 상징이었습니다. 우리가 그런 두꺼비가 되겠노라 하는 의미였지요. 독사 같은 학살정권 앞에 나서서 "나와, 이 새끼야!" 하고 소리 지르는 게 민청련이었습니다. 그러자고 만들었고 그렇게 싸우기 시작했지요.

사실 전두환 정권은 정말 살벌하게 독재를 했습니다. 유신시대 못지않게 무서웠지요. 손에 피를 묻히고 정권을 잡았기 때문인지 조금만 기어오른다 싶으면 바로 쥐어박아서 밑바닥으로 떨어뜨렸습니다. 광주만 보아도 그들이 얼마나 피도 눈물도 없었는지 알 수 있지요. 그런 독재를 겪으면서도 7년 만에 6월항쟁을 일으켰습니다. 이제 갓 스물을 넘은 젊은이들, 대학교 1학년 2학년들이 거리에 나와 "나와 이 개새끼야, 이 학살자, 살인마 나와!" 하고 기죽지 않고 대거리를 했지요. 그처럼 겁을 잊은 이들이 수만명이었습니다.

그 청년들이 현실을 몰랐을까요? 시위하다 붙잡히면 두들겨 맞으며 고문을 당하고 감옥에 가고, 자기 때문에 아버지 직장 잃고 형 취직 못할 거라는 생각을 하지 못했을까요? 그런 현실은 다 알고 있었습니다. 두들겨 맞고 감옥에 가는 건 싫었지만 도무지 독재에 맞서지 않을 수 없었습니다. 현실적인 계산을 전혀 못하게 되어버렸다고 할 수 있겠지요. 왜 그랬을까요? 1980년 5월 26일 밤 전남도청에 남은 사람들을 떠올리면 다른 생각은 할 수 없었기 때문입니다. 현실적인 타산 따위 저 멀리 사라졌지요. 그래서 우리는 1980년대의 민주화투쟁을 가리켜 우스갯소리로 '바보들의 행진'이라고 합니다. 계산할 줄 모르는 이들이 수없이 모였다는 뜻이지요. 그 바보들이 바로 광주의 자식들입니다. 그 나름 족보가 있는 바보라고 해도 되겠지요. 전국에 흩어져 있는 족보 있는 바보들의 본관이 바로 광주입니다. 전국에 그런 바보가 무수히 있었기 때문에 광주항쟁이 전국구인 겁니다.

살아남은 자의 슬픔을 간직한 사람들에게는 그들만의 저력이 있었습니다. 그 힘이 결국 6월항쟁으로 이어졌다고 할 수도 있지요. 1980년대에는 살아남은 자의 슬픔을 아는 자와 모르는 자로 나뉘었습니다. 그런 이분법은 좋은 방법은 아니라고 생각하지만 어쩔 수 없었습니다. 그렇게 판단할 수밖에 없었던 시절이라는 점에서 더 서글프기도 하지요.

5·18 이후의 민주화운동

1980년 5월 광주를 겪으며 한국사회의 많은 부분이 달라질 수밖에 없었지만, 가장 많은 변화를 겪은 부분은 아무래도 민주화운동입니다. 광주를 겪고, 죽음을 겪고, 또 죽음이 가까이 있음을 느끼면서 운동은 달라질 수밖에 없었습니다. 먼저 사람들이 운동에 임하는 태도부터 달라졌지요. 운동하는 이들에게 전두환은 철천지원수로 도저히 가만둘 수 없는 대상이 되었습니다. 광주에서 걸렸던 '찢어 죽일 놈'이라는 플래카드의 구호가 과하지 않은 말이 되었지요. 전두환 정권과 운동권은 양립할 수 없는 적으로서 치열하게 대립했고 사생결단의 각오로 상대를 처치할 방법을 찾았습니다. 운동이 그야말로 죽음을 각오해야 하는 일이 되었지요.

앞서 김상진 열사가 죽음을 앞둔 유서에서조차 박정희를 '각하'라고 불렀다 했지요? 그처럼 유신 시대에는 언감생심 박정희를 처단하겠다는 생각은 아무도 하지 못했습니다. 하지만 1980년대에는 달랐습니다. 광주를 겪으면서 전두환 처단은 당연한 목표가 되었지요.

김남주의 「살아남은 자들이 있어야 할 곳」이란 시가 있어요. 김남주 시인은 광주에서 학교를 다녔지만, 1980년 5월에는 남민전 사건으로 감옥에 갇혀 있었죠. 그런데도 이런 시를 썼어요.

> 한 나라의 대통령이란 자가
>
> 외적의 앞잡이이고
>
> 수천 동포의 학살자일 때
>
> 살아남은 사람들이 있어야 할 곳
>
> 그곳은 어디인가
>
> 전선이다 감옥이다 무덤이다
>
> 도대체
>
> 동포의 살해 앞에서 저항하지 않고
>
> 누가 있어 한낮의 태양 아래서 자유로울 수 있단 말인가
>
> 누가 있어 한밤의 잠자리에서 편할 수 있단 말인가
>
> ──「살아남은 자들이 있어야 할 곳」 부분

이 시를 처음 접했을 때도 아무 말도 할 수 없었지요. 당연하다고 생각했어요. 다만 전선과 감옥과 무덤 이외에 병원쯤은 하나 추가해도 되지 않을까 생각한 정도였지요.

한국전쟁 이후 우리나라 민주화세력이 휘두른 폭력이라고 해봤자 짱돌을 던지는 정도였습니다. 그랬는데 광주 이후 운동권에서는 무장투쟁을 외치는 목소리가 높아졌지요. 물론 5월 광주처럼 총을 들지는 않았습니다. 하지만 1982년 3월에는 문부

식 등이 부산의 미국문화원에 불을 질렀습니다. 전보다 훨씬 과격한 방식이었지요. 이미 총까지 들어봤으니 그와 같은 수준의 투쟁을 하는 것에 대한 반감이 깨진 것입니다. 많은 이들이 죽기를 각오했지요. 정말 죽음이 우리 곁에 왔어요. 죽기를 각오했다고 하면 과장일 수 있겠지만, '저 악랄한 정권과 싸우다가 죽을 수도 있겠구나'라는 생각을 하지 않을 수 없었지요. 잡혀가면 으레 '너 같은 새끼 하나쯤 여기서 죽어 자빠져도 우리가 털끝 하나 다칠 줄 아느냐'는 말로 겁박당하며 죽도록 고문당하는 일이 다반사였고, 또 1970년대와 달리 의문사도 꼬리를 물고 발생했거든요. 그야말로 죽음을 끼고 살았죠.

운동에 대한 자세가 바뀌었으니 이념도 전과는 다를 수밖에 없었습니다. 1980년대 운동권은 이념적으로 대단히 급진적이고 과격해졌습니다. 1970년대와는 비교조차 할 수 없었지요. 1970년대에도 일부 학생이 세미나에서 혁명에 대해 이야기하곤 했지만, 1980년대에는 혁명이 전면으로 등장했습니다. 또한 운동권의 규모도 달라져서 1970년대 운동권이 흩어져 있는 소수의 점이었다면, 1980년대 운동권은 점이 선으로 연결될 것에서 나아가 아예 면이 되기도 했지요. 쉽게 말해 1970년대 운동권이 사람이 적어 서로 잘 알지 못했다면 1980년대 운동권은 백만학도라는 말이 나올 정도로 거대해졌습니다. 1970년대 민청학련 사건 때를 보면 대도시 주요 공립대학에도 학생운동 조직이 없었는데, 광주 이후에는 지역의 작은 전문대학까지 운동권

학생회가 만들어졌습니다. 조직을 대하는 자세도 달라졌어요. 1970년대 최대의 사건으로 불리는 인혁당 재건위 사건이 당사자들은 어떤 조직도 만들려 하지 않았음에도 반국가단체로 조작을 당한 것이라면, 1980년의 운동권에서는 실제로 급진적인 운동가들이 지하조직을 만들려고 동분서주했습니다.

그렇게 사람이 많아지면 내부에서도 논쟁, 나아가 대립까지 생길 수밖에 없습니다. 실제로 매우 치열한 논쟁이 벌어졌고 급진적인 조직들이 만들어지기도 했습니다. 1970년대에는 학생운동권에서 프랑크푸르트학파나 종속이론, 서구마르크시즘 정도를 보았다면, 광주항쟁을 거친 뒤 운동권은 마오쩌둥의 저작을 거쳐 마르크스-엥겔스의 원전을 거쳐 레닌의 혁명이론을 읽고, 스탈린의 조직론을 읽고, 마침내 주체사상과 북한의 원전들로 치달아갔습니다. 극단적인 반공사회였던 한국에서 빨갱이는 악마 취급을 받았었죠. 그런데 전두환이라는 학살자를 몰아낼 수 있다면 악마와도 기꺼이 손잡으려 했다고 할까요? 이제 그 어떤 이념적 금기도 없어졌습니다.

그와 더불어 앞서도 잠깐 언급했지만 1980년대 운동권에 '반미'라는 새로운 구호가 더해졌습니다. 본래 한국은 반미의 무풍지대였습니다. 베트남전쟁으로 전 세계에서 반전 및 반미를 부르짖을 때도 한국만은 예외였지요. 아마 미국이 한국전쟁에서 우리나라를 도와줬고 이후 경제발전까지 미국이 없었으면 불가능했다고 생각했기 때문일 것입니다. 하지만 점점 미국이 무조건 아군인가 하는 의문이 싹텄습니다. 광주항쟁에 미국이 암묵적으로 신군부의 편을 들었다는 의혹이 제기되면서 미국에 대한 인식이 반전되었지요. 결국 한국은 오사마 빈라덴이 나오기 전까지 전 세계에서 가장 격렬한 반미운동이 벌어지는 나라로 변했습니다.

왜 그렇게 격렬하게 내 몸의 안위를 생각하지 않고 운동에 매달렸을까요? 역시 '살아남은 자의 슬픔' 때문이었을 것 같습니다. 광주에 대해 부끄러움이나 죄책감을 느끼던 이들이 나중에는 일종의 강박관념까지 지니게 된 듯합니다. 그 때문에 더욱더 운동에 매달리며 무어라도 하지 않으면 참을 수 없게 된 것이지요. 운동세력 내에서 선후배 간 위계질서도 훨씬 엄격해졌습니다. 선배들은 후배들이 무언가 어영부영하는 걸 견디지 못했지요. 또한 광주를 겪은 후배들도 모범을 보이지 못하는 선배들, 광주에 대해 뚜렷한 입장을 보이지 못하는 선배들이 있으면 사정없이 들이받아버리곤 했지요.

1980년대에는 학생운동에 참여하는 데 용기와 결단이 필요하지 않았습니다. 무릇 학생이라면 당연히 참여해야 한다는 분위기였기 때문입니다. 외려 그런 운동에서 멀어지려면 용기와 결단이 필요했습니다. 1982년에 대학에 들어간 사회학자 정일준 교수는 1980년 광주에 인력 같은 게 있다고도 말합니다. 인력 때문에 인공위성이 지구 주위를 빙글빙글 돌듯이, 당시 학생들은 광주의 주변부에서 벗어나지 못한 채 계속 빙글빙글 돌며 살아갈 수밖에 없었다는 것이지요.

그 시절 운동세력은 누구든 어느 정도는 광주의 죽음을 가슴속 깊이 끌어안은 채 싸웠다고 생각합니다. 자기 자신 역시 언제든 그렇게 죽을 수 있다고 가능성을 열어두었지요. 5·18민주화운동기록관장인 정용화는 당시 운동세력에 대해 "산 것도 아니고, 죽은 것도 아닌 상태"라고 표현했습니다. 그 말대로 1980년대의 투사들은 자신의 삶만 산 것이 아니라 죽어간 이들의 삶을 조금씩 대신 살고 있었는지도 모릅니다. 한마디로 죽음을 끼고 산 시대였어요. 저 자신의 느낌으로 말한다면, 24시간 내내는 아니었지만 아주 자주 돌아가신 분들이 어깨 위에 살짝 앉아 계신 듯한 느낌, 그분들을 기꺼이 받아들였다고 말할 수는 없겠지만 결코 손으로 털어버릴 수는 없었다고나 할까요?

이렇게 말하면 모두가 겁을 모르는 투사였다니 대단하다고 생각할지 모르겠습니다. 그럴 리 있겠습니까? 최루탄도 백골단도 실제로 맞닥뜨리면 오금이 저릴 정도로 무섭습니다. 운동하면서 대놓고 말할 수는 없었지만 당시 겁먹은 이들도 많았지요. 가두시위에 나섰다가 사복경찰이 나타나면 혼비백산 도망가기 바빴던 쓸쓸한 경험은 누구나 간직하고 있을 겁니다.

1980년대에는 개인마다 차이는 있을지언정 민주화운동의 대의에 대해서 폭넓은 공감대가 형성되었습니다. 당시에는 학교를 그만두고 '현장'(노동현장)으로 투신한 사람들이 꽤 많았습니다. 공장에 취직해 노동자가 되었거나 취직 준비를 하고 있었으니 당연히 학교에는 나오지 않았지요. 그런데도 이들이 신기하게 학점을 취득하고 장학금도 받고 졸업장도 받았습니다. 학교에 남은 누군가가 대신 출석을 해주고 리포트를 써주고 시험을 봐주었기 때문입니다. 그런 식으로 현장으로 간 운동가들을 도와주고는 했지요. 지금의 눈으로 보면 의아하겠지만 당시에는 종종 있던 일이었습니다.

다시 말하지만 광주는 처음부터 전국구였습니다. 광주항쟁 후에 지역을 가리지 않고 많은 이들이 광주가 잡아당기는 힘에 끌려 자신의 삶을 내던졌습니다. 그처럼 치열하게 투쟁을 했기 때문에 그 어마어마한 학살정권을 상대로 7년 뒤에 6월항쟁을 일으켜 민주화를 이뤄낼 수 있었습니다. 이 사실을 부정할 수는 없지요. 광주의 유지를 이어 군사정권과 투쟁하는 과정에서 수많은 사람들이 목숨을 잃었습니다. 의문사, 분신, 투신, 할복 등 목숨을 잃는 경위도 다양하지요. 얼굴 한번 보지 못한, 이름 한번 듣지 못한 열사들의 장례식에 구름같이 사람들이 모여들었던 시절입니다. 그런 장례식을 쫓아다니다 많은 이의 청춘이 흘러가버렸습니다. 그런 죽음 앞에서 운동세력의 투사들은 민주화, 민족통일, 민족자주, 민중해방 등의 목표를 내세웠습니다. 다시 말해 당위로서 죽음을 극복한 것입니다. 그렇게 목숨을 잃은 이들은 '열사'가 되었으며 애도를 넘어서 찬미해야 하는 대상이 되었습니다.

그런데 한번 생각해보길 바랍니다. 죽음에 대한 찬미가 과연 정상적인 것일까요? 말이 안 되지 않습니까? 분신, 투신, 할복 등은 분명 운동권을 각성시키고, 그들이 결집하여 폭발적인 힘을 내도록 하는 면이 있습니다. 그런데 운동권에서 한 걸음 떨어져 있는 대중이 보면 어떨까요? 아무리 숭고한 이상이 있다 해도 어딘지 이상해 보일 것입니다. 무섭기로는 군사정권과 크게 다르지 않았을지도 모르지요. 사람들이 왜 스스로 분신했던 김세진, 이재호의 죽음(1986)보다 경찰에 끌려가 고문을 받다 숨진 박종철의 죽음(1987)에 훨씬 분노하고 훨씬 슬퍼했을까요? 이 점을 생각해보면 어째서 1980년대부터 운동권과 일반 국민 사이의 거리가 멀어지기 시작했는지 이해할 수 있습니다.

이미 여러차례 말했듯 광주에서 벌어진 무고한 이들의 죽음은 많은 사람을 헌신적인 투사로 만들었습니다. 하지만 역설적으로 그들의 '헌신성' 때문에 운동세력은 대중과 정서적으로 멀어지기 시작했습니다. 1980년대의 투사들은 광주를 알면서도 모르는 척하는 사람들, 혹은 알려고 하지 않는 사람들을 원망했습니다. 저도 그랬습니다. 그 원망은 당연해 보입니다. 하지만 한편으로는 다르게 생각해볼 여지도 있습니다. 당시 언론은 완벽할 정도로 통제되어 있었습니다. 그러니 오늘날에 비해 매우 적은 경로로만 정보를 접할 수 있었던 당시 사람들이 광주에 대해 집단폭동이라는 잘못된 인식을 가지고 있었다 해도 할 말이 없습니다. 또 광주에서 벌어진 집단적인 죽음은 받아들이는 입장에서 매우 부담스러운 주제입니다. 자신의 안위를 위해 광주항쟁을 외면할 수 있다는 말입니다. 그러지 않으면 자신의 일상이 깨질 수 있기 때문이지요. 실제로 광주가 끌어당기는 힘에 사로잡힌 이들은 평범한 일상과 동떨어진 삶을 살 수밖에 없었습니다.

광주에서 무슨 일이 벌어졌는지 모르는 대중은 광주 문제에 목숨을 걸고 매달리는 운동세력을 이상하게 볼 수밖에 없었습니다. 또한 운동세력은 늘 대중성이라는 말을 입에 달고 있었지만 내심 광주를 모르거나 잊으려 하는 사람들을 미워했습니다. 머리로는 많은 사람들이 광주를 외면할 수밖에 없음을 알고 있었습니다. 현실적으로 군사정권의 통제가 극심하니 어쩔 수 없었지요. 이처럼 머리로는 알았지만 가슴으로는 받아들이지 못했습니다. 그래서 광주를 외면하는 이들을 미워했습니다.

1980년대는 광주항쟁으로 시작되었습니다. 광주항쟁 이후 운동권은 급격히 세를 불리며 투쟁에 열을 올렸고 많은 희생을 치렀지만 결국은 6월항쟁과 민주화라는 결실을 맺었지요. 한편 운동권은 과격함과 헌신성 때문에 점점 대중과 멀어졌습니다. 즉 광주의 죽음을 자기 삶 속으로 받아들인 사람들과 그런 일이 있었는지도 모르는 사람들이 서로 등을 돌리고 걸어간 것입니다.

끝없이 광주를 기억하라

2007년 영화 「화려한 휴가」가 750만 관객을 동원하며 5·18에 대한 관심을 불러왔습니다. 이 영화의 제작자 유인택이 5·18을 주제로 한 영화를 만들겠다고 했을 때, 주변의 운동권 선후배들은 대부분 만류했다고 합니다. 어찌 보면 5·18이 다 파먹은 김칫독 같은 식상한 주제가 되었다고 생각했던 모양입니다. 제작자도 영화인으로서 5·18을 소재로 한 영화를 꼭 한번 만들어야 한다는 사명감에 그저 손익분기점만 넘겼으면 하는 심정으로 임했는데, 뜻밖에 많은 관객들이 영화를 보고 눈물을 흘렸다고 합니다. 늘 새로운 세대가 나오고, 역사는 새로 쓰여야 한다는 말을 실감하게 하는 사례입니다. 5·18 이야기도 새로운 세대의 감성에 맞게 해야겠지요. 하지만 한편으로 보면 5·18을 결코 40년 전의 지나간 사건으로만 이야기할 수는 없습니다. 가해자는 제대로 처벌되지도, 사죄하지도 않았고, 피해자들은 여전히 트라우마에 시달리고 있기 때문입니다.

2009년 5월 17일, KBS에서 「5·18 자살자 심리부검 보고서」라는 다큐멘터리를 방영했습니다. 광주항쟁에서 살아남은 이들이 겪는 후유증에 대해 집중적으로 점검한 방송이었지요. 혹시 못 보았다면 나중에라도 꼭 보시길 추천합니다. 이명박 대통령

시절에 어떻게 이렇게 훌륭한 다큐멘터리를 만들었을까 놀라울 정도이지요. 다만 두번 보기는 어려울 겁니다. 보는 내내 마음이 워낙 힘들기 때문이지요.

그 방송에 5·18 유공자들이 나옵니다. 저와 나이가 비슷하거나 조금 많은 분들이지요. 그분들은 사무실에서 일을 하다가도 저녁 6시가 되기 전부터 엉덩이가 들썩들썩합니다. 그러다 5시 40분쯤 되니까 못 견디고 밖으로 쌩 나가버리지요. 어디로 갔을까요? 술집이었습니다. 들어가자마자 술집 주인에게 주문하는 게 아니라 자기가 직접 냉장고에서 소주를 꺼내서 큰 컵에 따라 단숨에 마십니다. 중증 알코올 의존증인 것이지요.

당시 방송에 나온 통계가 있는데 이미 10년 전 수치이지만 보면 경악할 수밖에 없습니다. 2007년 8월 기준으로 5·18 유공자 중 사망한 분들이 376명인데, 39명의 사망 이유가 자살입니다. 10퍼센트가 넘는 것이지요. 유공자들의 사망은 그 뒤로도 계속 이어지고 있습니다. 2018년 기준 우리나라의 자살률이 0.03퍼센트에 조금 못 미치는데 단순히 계산하면 5·18 유공자의 자살률이 무려 수백배나 높습니다. 유공자 당사자의 자살률만 높은 게 아닙니다. 그 가족들 역시 일반인에 비하면 자살률이 수십배나 높습니다.

우리는 역사 속에서 무고하게 희생된 이들을 어떻게 기억합니까? 예컨대 5·18, 아니면 세월호 등 돌이킬 수 없는 상처를 입은 사람들을 어떻게 기억할까요? 5·18 피해자들이 많이 듣는 말이 있습니다. "피해 보상 충분히 받지 않았냐?" 하는 것이지요. 다른 사건의 피해자들에 비해 많이 받은 건 사실입니다. 왜냐하면 노태우와 김영삼이 광주항쟁을 어떻게든 돈으로 해결하려고 했기 때문입니다. 그래서 잘 해결되었나요? 일반인보다 자살률이 수백배나 높은데 해결되었다고 할 수 있을까요? 누군가는 많은 보상금이 밑 빠진 독에 물을 부은 셈이 되었다고 말하기도 합니다. 그런데 밑 빠진 독에 물을 붓는 일의 책임은 누가 져야 합니까? 밑 빠진 독이 져야 할까요, 아니면 물이 새는데도 계속 부은 사람 책임일까요? 아니면 맨 처음 독을 깨뜨린 사람 책임이 제일 클까요?

마이클 샌델이 쓴 『정의란 무엇인가』(이창신 옮김, 김영사 2010)를 읽은 분들이 많을 겁니다. 2010년 처음 나온 이래 우리나라에서 200만부가 넘게 팔렸다고 하지 않습니까. 그런데 한가지 의문이 듭니다. 정의가 무엇인지 꼭 하버드대 교수에게 물어봐야 할까요? 5·18에 대입해서 정의란 무엇인지 생각해보면 어떨까요?

앞서 잠깐 이야기했지만 저는 '5·18민주화운동'이라는 명칭이 좀 불편합니다. 그러면 민주주의를 위해서 싸우던 민주투사가 아니었던 절대 다수의 평범한 이들, 광주항쟁의 진정한 주역들은 왜 들고일어났을까요? 이 역시 거듭 말했지만 시민을 지켜야 할 군인이 무고한 이들에게 부당한 폭력을 가했기 때문입니다. 길을 가다 아무런 죄 없는 이가 곤봉으로 맞고 대검에 찔리는 걸 보니 가만히 있을 수 없어서 자기도 모르게 나선 것이지요. 그들의 행동을 다른 말로 '정의감'이라 할 수 있겠습니다. 그들은 자기 속에 있는 정의를 지키기 위해 절로 일어났던 것입니다. 저는 당시 광주 시민들이 보여준 행동이야말로 살아 있는 정의의 표본이라고 생각합니다.

민주주의도 모르고 딱히 이념도 없지만 그저 자기 속의 정의를 위해 일어났던 많은 분들, 그들이 지금 어떻게 살아가고 있습니까? 앞서 소개한 다큐멘터리를 살펴보면 우리 사회가 그들을 충분히 돌보았는지 의문이 들 수밖에 없습니다. 그들은 여전히 트라우마에 시달리며 다른 사람들에게는 당연한 평범한 일상조차 힘겨워하고 있습니다. 5·18의 진짜 주역들이 40년이 지난 지금 어떤 상황에 놓여 있는지를 본다면, 공수부대의 만행을 못 본 척 지나치는 게 맞는다고 해도 할 말이 없을지 모릅니다. 우리 곁에 살아 있는 정의의 표본이 있는데 우리는 그들을 제대로 돌보지 않고, 외려 그만큼 돈을 줬으면 됐지 뭘 더 주느냐고 할 정도입니다.

1994년에 5·18 학살책임자 처벌과 진상규명을 요구하는 운동이 또다시 거세게 일어났습니다. 그 무렵에 다음과 같은 5·18 문제 해결 5원칙이라는 게 만들어졌습니다.

1. 진상규명
2. 책임자 처벌

3. 배상·보상

4. 재발방지

5. 기념과 교육

　모두 좋은 내용이고 꼭 필요한 일들입니다. 이런 원칙 덕분인지 우리나라의 수많은 과거사 문제 중 광주만큼 진상이 많이 밝혀지고 책임자가 처벌된 일도 없습니다. 물론 아직 멀었다고 생각할 수도 있지만 비교적 그렇다는 말입니다. 하지만 저는 5원칙에 아주 중요한 것이 빠졌다고 생각합니다. 그 엄청난 학살에 맞서 싸운 용감한 사람들 중에 스스로 삶을 마감한 이가 너무나 많습니다. 살아남은 사람들 중에도 중증 알코올중독에 빠질 정도로 여전히 고통스러워하는 분들이 부지기수입니다. 그 가족들은 어떨까요? 「5·18 자살자 심리부검 보고서」라는 다큐멘터리를 보면 술 취한 아버지는 집에 와 조금 자는 듯싶다가 잠에서 깨어 세간살이를 때려 부수는 등 온갖 난리를 칩니다. 어머니는 진즉에 이혼했고요. 스무살 남짓한 아들에게 물으니 매일 그렇다고 합니다. 지옥이 따로 없는 것이지요. 사정이 이런데 아버지가, 남편이, 형님이 항쟁의 주역이고 마지막까지 도청을 지켰다고 자랑스러워할까요?

　과연 무엇이 필요할까요? 바로 '트라우마 관리'입니다. 물론 광주 트라우마센터가 있긴 합니다. 2012년 8월에 만들어진 곳인데, 그때 저도 관련해서 일을 좀 했습니다. 평화박물관이 수행

한 '광주 트라우마센터 설립을 위한 기초 연구'에 제가 연구책임자로 참여했지요. 좀 이상하지요? 저는 역사학자이지 트라우마 전문가가 아닙니다. 그런데 왜 저에게 이런 일을 맡겼을까요? 답답한 일인데 광주 밖에서 적극적으로 목소리를 높일 사람이 필요했던 겁니다. 광주에서만 해가지고는 제대로 센터를 세우기 어려울 것 같으니 서울에서도 주장할 필요가 있었지요. 5·18기념재단이 그런 이유로 제게 급하게 일을 맡겼습니다.

다행히 2012년 8월에 광주 트라우마센터가 문을 열었습니다. 처음에는 국비와 시비로 운영이 되었지요. 그런데 2016년부터는 오로지 광주시 예산만으로 운영되었습니다. 예산이 줄어드니 활동도 맘껏 할 수 없었지요.

문재인 대통령은 애초부터 광주 트라우마센터를 국립으로 격상하겠노라 약속했습니다. 갑자기 관심을 가진 것은 아닙니다. 문재인 대통령은 국회의원 시절부터 트라우마센터가 시립인데 그걸로 충분히 역할을 하겠느냐며 관심을 기울였습니다. 인권변호사 시절부터 간접 조작 사건도 많이 맡았고 국가폭력 문제에 전반적으로 관심이 많았지요. 실제로 광주 트라우마센터에 방문해서 프로그램을 참관하고 본인의 SNS 채널에 글을 올려서 안내하기도 했습니다. 5·18뿐 아니라 제주4·3사건에도 많은 관심을 기울이고 있지요. 다만 아쉬운 점은 광주에 국립 트라우마센터를 설립하는 일이 생각보다 더디게 진행되고 있다는 점입니다. 행정안전부에서 2018년 하반기에 국립 국가폭력트라우마 치유센터 건립을 위한 용역을 발주했고, 또 제가 책임자가 되어 나름 열심히 용역보고서를 제출했는데, 아직 한발짝도 나아가지 못하고 있습니다. 관련한 법이 통과되지 않아서 예산이 반영되지 않았다는데, 2020년이 광주항쟁 40주년인 만큼 가시적인 성과가 있길 바라고 있습니다.

제가 말하고 싶은 건 우리가 국가폭력에 희생된 분들을 너무 오랫동안 방치했다는 사실입니다. 5·18민주화운동은 우리 민주화 역사에서 가장 중요한 역할을 했고 유공자 지정도 이루어졌지만, 과연 그날 광주에서 살아남은 이들, 비록 민주주의는 잘 모르지만 본인의 정의를 위해 들고일어났던 그들을 충분히 돌보았는지 반성해야 합니다. 그러지 않는다면 진정으로 정의로운 사회가 되지는 않을 것입니다.

전두환과 노태우 등 5·18 가해 책임자들은 형식적인 재판에서 잠시 처벌을 받았지만, 곧 풀려났습니다. 1995년 김영삼 정권은 "성공한 쿠데타는 처벌할 수 없다"라는 황당한 논리로 전두환과 노태우 처벌을 피해가려 했지만, 국민들의 엄청난 저항을 받았습니다. 헌법재판소에서 성공한 쿠데타로 처벌할 수 있다는 결정이 나오고 5·18특별법이 제정되어 전두환과 노태우 등은 12·12군사반란 및 5·17내란, 5·18민주화운동 유혈진압 등의 죄목으로 법정에 섰습니다. 결국 전두환 무기징역, 노태우 징역 17년, 특전사령관 정호용 징역 10년, 3공수여단장 최세창 징역 8년, 3공수여단 대대장 박종규 징역 4년 등 광주학살 관련자들의 형이 확정되었습니다만, 이들은 얼마 지나지 않아 모두 풀려났습니다. 이 중 노태우만이 뒤늦게 아들을 보내 5·18묘역에 참배하고 피해자들에게 사죄했지만, 전두환 등은 아직도 자신의 잘못을 인정하지 않고 망언을 일삼고 있습니다.

5·18과 관련된 망언 중 대표적인 것은 2012년 대통령 선거 과정에서 쏟아져 나온 '일베' 유저들의 망언과, 지만원 등으로 대표되는 극우인사들의 북한군 개입설을 들 수 있습니다. 일베 유저들은 광주항쟁을 '무장폭동'이라면서 전두환이 강력히 진압한 것은 잘한 일이라고 주장하는 것을 넘어, 피해자들의 시신을 보고 '홍어' '택배'등 인간이기를 포기한 막말을 일삼았지요. 북한군 개입설은 의외로 믿고 싶어하는 사람이 주변에 많습니다. 간단히 말해 북한군 특수부대 600명이 광주항쟁에 개입했다는 것이죠. 그러나 1980년 그 비상계엄 상황에서 북한군 600명이 광주까지 어떻게 왔을까요? 비행기를 타고 왔을까요, 기차를 타고 왔을까요, 배로 왔을까요? 그런 상황이 진짜로 발생했다면, 글쎄요, 지휘계통에 따라 아마 합참의장 이하 고위지휘관들이 줄줄이 군법회의에 회부되었어야 할 사안 아닐까요? 조금만 생각해보면 북한군 개입설 같은 음모론이 얼마나 터무니없는 것인지 금방 알 수 있습니다.

몇년 전에 「시그널」(2016)이라는 드라마가 방영되었는데 기억하실지 모르겠습니다. 저는 매우 재미있게 봤는데, 극중에서 현재와 과거의 두 형사가 무전기로 대화하며 사건을 추적해

갑니다. '과거와 현재의 대화', 에드워드 카의 『역사란 무엇인가』 (1967)에 나오는 말이지요. 역사란 과거와 현재의 대화라고 하지 않습니까. 제가 워낙 재미있게 드라마를 봐서 그런지 자꾸 저에게 과거에서 무전이 오는 상상을 했습니다. 나라면 어떻게 대화를 할까 생각했지요.

어디선가 무전이 왔습니다. 받아보니 상대는 1980년 5월 26일 밤 광주의 전남도청에 남은 사람입니다. 드라마가 방영된 게 2016년 1월이었는데 그때는 정말 무전기에 대고 할 말이 없었을 겁니다. 무전기 너머에서 어디냐고 물어오는 것 같습니다. 2016년 대한민국이란 말에 "아, 일제 36년만큼 시간이 흘렀군요. 지금 대한민국은 좋은 나라가 되었지요?" 유신 잔당과 싸우느라 목숨을 내놓은 분에게 어떻게 유신 본당인 박근혜가 대통령이 되었다고 말합니까? 미래를 위해 자신의 안위를 포기한 분들께 어떻게 지금 대한민국의 젊은이들이 헬조선이니 흙수저니 하는 현실에 고통받고 있다고 말합니까? 어떻게 자라나는 아이들의 꿈이 건물주이고 정규직이라고 이야기한단 말입니까? 「시그널」을 보기 한 3년쯤 전에 제가 이런 글을 썼더군요.

광주민중항쟁은 박정희 없는 유신체제를 이어가려던 유신 잔당과의 싸움이었다. 그로부터 33년이 지난 지금 유신체제의 핵심 박근혜는 대한민국의 대통령이 되었다. 우리 역사에서 광주만큼은 승리한 투쟁이라고 여겼던 믿음이 뿌리째

흔들리고 있는 오늘이다. 5월 27일 새벽 도청에 남은 사람들이 계엄군을 기다리며 어두운 창문 너머로 꿈꾸던 30년 뒤의 대한민국은 어떤 모습이었을까? 33년 뒤의 대한민국이 유신 공주가 대통령이 되고, 가난한 집 아이들의 장래희망은 겨우 '정규직'이고, 자신들과 함께했던 동료들이 극심한 트라우마에 시달리고 있다면 그날 밤 죽겠다고 도청에 남는 것이 아니라 집에 가는 것이 옳았다. 역사는 과거와 현재의 대화이고, 역사는 끊임없이 다시 쓰여져야 한다. 유신이 부활한 오늘, 도청의 그들이 우리에게 말을 걸어온다. 광주는 아직 끝나지 않았다고. 광주의 역사를 이렇게 끝낼 수는 없다고.

—「도청에 끝까지 남은 그들을 기억하자」(『한겨레』 2013.5.24)

그때는 상상만 해도 너무나 암울했습니다.

만약 지금 그런 무전을 한다면 그래도 좀 마음 편하게 대화할 수 있을 것 같습니다. 아직도 많은 과제가 있지만, 우리는 촛불이라는 새로운 힘으로 박근혜 일당을 몰아내고 새로운 대한민국을 만들려 노력하고 있노라 말할 수 있을 것 같습니다. 시간이 걸렸고 멀리 돌아오기도 했지만 당신의 투쟁이 헛되지 않았노라 말입니다.

드라마 「시그널」에서는 과거와 현재가 대화하여 과거가 바뀌면 현재도 바뀝니다. 살인사건의 희생자가 되어야 할 사람을 살리니 현재에도 그 사람이 살아서 가족과 함께 행복하게 살아가는 식이지요. 물론 드라마일 뿐 현실에서는 있을 수 없는 일입니다.

분명 과거를 바꾸어 현재를 바꿀 수는 없습니다. 그런데 조금 다르게 생각해볼 수는 있습니다. 현재가 바뀌면 과거의 의미가 달라진다는 사실입니다. 이건 분명합니다. 5·18은 처음에 항쟁이 아니라 폭동이라 불리었습니다. 도청에 남은 사람들은 북한의 사주를 받은 반동분자로 취급받았지요. 하지만 6월항쟁을 통해 민주화를 이루고, 부족하지만 전두환과 노태우를 감옥에 보내면서 우리는 5·18에 민주화운동이라는 이름을 붙이고 정당한 가치를 부여할 수 있었습니다.

그런 흐름이 계속 이어졌다면 좋았겠지만 유신본당인 박근혜가 대통령이 되었습니다. 젊은이들은 헬조선과 흙수저를 언급하며 자신들의 처지를 한탄하는데 대통령이 측근과 함께 자신들의 이익을 우선하면서 떵떵거렸지요. 그런 현실에서는 5·18도 정당한 가치를 인정받지 못했습니다. 5·18 기념식에서 「임을 위한 행진곡」을 제창조차 하지 못했지요. 5월 26일 밤 도청에 남은 이들이 그런 상황을 봤으면 자신들의 희생에 아무런 의미도 없었다고 절망했을 것입니다.

그런데 2016~17년 촛불집회를 거치면서 박근혜가 탄핵되는 등 우리 사회는 다시금 좋은 방향으로 나아가기 시작했습니다. 우리가 현재를 바꾸려 애쓰는 건 아이들의 미래를 위해서이기도 하지만, 우리의 현재를 위해 자신을 희생한 과거 사람들의 노력을 헛되지 않게 만들기 위해서이기도 합니다. 이렇게 생각하면 1980년 광주는 우리에게 좀더 잘하라고, 좀더 힘내라고 끊임없이 말을 걸고 있는 것 같습니다. 그럼으로써 자신들의 죽음을 의미 있는 것으로 만들어달라는 것이지요.

우리가 어떻게 해야 새로운 대한민국을 만들 수 있을까요? 정답이 없는 질문이지만, 저는 이렇게 말하고 싶습니다. 끝없이 광주를 기억해야 합니다. 광주는 우리 역사 속에 있었던 수많은 사건 중 하나가 아닙니다. 수많은 젊은이들의 인생을 뒤집어놓았고 나아가 대한민국의 구조 자체를 바꾼 사건입니다. 그 사건을 우리가 잘 기억하고 계승해서 더 좋은 오늘을 만드는 밑거름으로 삼았으면 합니다.

5·18민주화운동을 더 알기 위해 참고할 자료

주요 기관 홈페이지

5·18기념재단 www.518.org

5·18민주화운동기록관 www.518archives.go.kr

민주화운동기념사업회 www.kdemo.or.kr

국립 5·18민주묘지 518.mpva.go.kr

전남대학교 5·18연구소 cnu518.jnu.ac.kr

문헌자료

황석영·이재의·전용호 지음, (사)광주민주화운동기념사업회 엮음
『죽음을 넘어 시대의 어둠을 넘어』, 창비 2017.

최정운 『오월의 사회과학』, 오월의봄 2012.

임광호·배주영·이민동·정수연 지음, 5·18기념재단 기획 『5월 18일,
맑음』, 창비 2019.

5·18기념재단 『5·18 열흘간의 항쟁』, 2017.

김정인, 김정한, 은우근, 정문영, 한순미 지음, 5.18기념재단 기획 『너와
나의 5.18』, 오월의봄 2019.

영상자료

5·18기념재단 제작 「영상증언 다큐」

5·18기념재단 제작 「기억을 기억하라」

MBC 제작 「5·18 40주년 특집 다큐멘터리 '나는 기억한다'」

5·18민주화운동 연표

1979년

2월 5일	3월 1일
광주 YMCA 강당에서 '구속문인의 밤' 개최.	윤보선·함석헌·김대중 등 재야인사 '민주주의 민족통일을 위한 국민연합' 결성.

8월 20일	9월 4일
천주교 정의평화위원회와 김수환 추기경, '유신철폐' '독재타도' 외치며 서울시경까지 행진.	경북대·영남대 학생들, 유신철폐 요구 선언문 낭독 후 다수 구속.

10월 4일	10월 16일
민주공화당, 신민당을 따돌리고 국회 본회의장이 아닌 146호실에서 김영삼 신민당 총재 제명안 처리.	부마항쟁 시작, 부산대 학생 5,000여명 유신철폐·독재타도 외치며 시내 진출.

1980년

12월 12일	4월 3일
12·12사태, 전두환 등 신군부세력이 정승화 계엄사령관을 강제 연행하기 위해 총격전 유발.	서울대 학생들 제반 학내 자율활동 허용 요구하며 농성 돌입.

6월 15일	8월 11일
광주교도소에 수감된 성래운 교수, 고영근 목사 등 48명 단식 투쟁.	경찰, 신민당사에서 농성하던 YH무역 노동자 강제해산, 노동자 김경숙 사망.
9월 20일	9월 26일
서울대 학생 1,000여명, 학원민주화선언 낭독 후 기동경찰과 투석전.	고려대, 이화여대, 연세대 학생 수천명 유신철폐 외치며 시위.
10월 18일	10월 26일
부산대·동아대 학생, 시민과 합세해 대대적으로 시위 전개. 부산에 비상계엄령 선포. 마산에서 경남대·마산대 학생 등이 계엄령 반대 외치며 시위. 마산 민주공화당사 파괴.	김재규 중앙정보부장의 총격에 의해 박정희 대통령 피살. 제주도를 제외한 모든 지역에 비상계엄령 선포.
4월 21일	4월 24일
'사북사건' 발발. 강원도 사북광업소 광부 7백여명 경찰과 충돌.	서울지역 14개 대학교수 361명 학원사태 관련 성명 발표.

1980년

5월 4일	5월 14일
국민연합 성명 발표, 학원민주화와 계엄령 해제 요구.	전국 27개 대학 총학생회장단 가두시위 결의.

5월 18일(일요일, 맑음) 9시 40분	5월 18일 10시
전남대 학생들 도서관으로 향하다 광주에 진주한 7공수부대와 충돌.	전남대 학생들 전남대 정문에서 '계엄 해제하라' '휴교령 철폐하라' 구호 외치며 시위.

5월 18일 15시 40분	5월 18일 19시 2분
유동삼거리에 공수부대가 등장해 무자비한 진압작전 감행.	계엄사령부, 광주지방 통행금지 시간이 저녁 9시로 앞당겨졌다고 발표.

5월 19일 14시 40분	5월 19일 15시
조선대로 철수했던 공수부대가 다시 투입되어 무리한 진압작전 전개(작전명 '화려한 휴가').	시내 기관장 및 유지들, 회의를 열어 시위 진압을 완화하도록 당국에 건의.

5월 15일

서울시내 30개 대학 학생 7만여명이 밤늦게까지 도심에서 시위 후 서울역에서 해산.

5월 17일

전국 55개 대학 학생대표 95명, 전국대학총학생회장단 회의 중 연행.

5월 18일 10시 15분

공수부대원들이 곤봉 이용해 진압하면서 학생들 부상.

5월 18일 10시 20분

'금남로로 가자'라는 구호와 함께 학생들 금남로로 이동하기 시작.

5월 19일(월요일, 오후부터 비) **3시**

증파된 11여단 병력, 광주역 도착. 전날 계엄군에게 구타당했던 청각장애인 김경철 사망(최초 희생자).

5월 19일 10시

시위대가 점차 불어나면서 금남로에서 공수부대원들과 투석전.

5월 19일 16시 30분

계림파출소 근처에서 계엄군의 장갑차가 시위 군중에 의해 포위되자 시민을 향해 발포(첫 발포). 이 사실이 알려지자 계엄군의 과잉진압에 분노한 시민들이 투쟁에 나섬.

5월 19일 21시 30분

시민들이 계엄군의 무자비한 탄압에 맞서 임동파출소, 누문동파출소 방화.

1980년

5월 20일(화요일, 오전에 약간의 비) **8시**	**5월 20일 10시 20분**
광주 지역 고등학교 휴교 조치.	광주 가톨릭센터 앞에서 남녀 30여명이 속옷 차림으로 심하게 구타당함. 공수부대와 시민 간 공방전 계속됨.
5월 20일 21시 5분	**5월 20일 21시 50분**
광주 노동청 쪽에서 시위대 버스가 경찰저지선으로 돌진해 경찰 4명 사망.	계엄하에서 군부의 검열을 받던 언론이 과잉진압 행위를 제대로 보도하지 않자 시민들 거세게 항의하며 광주MBC 건물 방화.
5월 21일 2시 18분	**5월 21일 4시**
광주 내 시외전화 두절.	시민들이 광주역 광장에서 발견된 시신 2구를 리어카에 싣고 금남로에 등장. 이 소식을 들은 시민 수십만명이 항쟁에 동참.
5월 21일 10시 19분	**5월 21일 11시 10분**
광주세무서 건물 전소.	대형헬기 도청광장에 착륙.

5월 20일 18시 40분

광주시내 곳곳에서 공수부대의 만행을 직접 목격하고 겪은 택시 운전기사들이 무등경기장에서 금남로로 200여대의 택시를 몰고 와 전조등을 켜고 경적을 울리며 차량시위를 벌임.

5월 20일 20시 10분

시민들 도청을 향해 금남로, 충장로, 노동청 방면에서 공수부대 및 경찰과 대치.

5월 20일 23시

광주역 광장에서 무자비한 유혈 진압에 항의하던 비무장 시민들을 향해 계엄군 발포. 사망자 다수 발생.

5월 21일 (수요일, 맑음) 0시 35분

노동청 방면에서 군중 2만여명이 계엄군과 공방.

5월 21일 4시 30분

시위대, 광주KBS 건물 방화.

5월 21일 8시 00분

시위대, 광주공업단지 입구에서 20사단 병력과 충돌.

5월 21일 12시 59분

시민들이 아시아자동차공장에서 몰고 온 장갑차 1대 도청광장으로 기습 진출.

5월 21일 13시

도청 스피커에서 애국가 울려 퍼지면서 공수부대 사격 시작.

1980년

5월 21일 13시 20분

시민들이 금남로에서
공수부대의 집중사격을 받고
다수 쓰러짐.

5월 21일 14시 15분

도지사, 경찰헬기에서 시위해산
종용하는 설득 방송.

5월 21일 15시 48분

공수부대원들이 빌딩 옥상에서
시위대를 향해 조준사격.

5월 21일 16시

화순, 나주 지역에서 무기
획득한 시위대들이 도청 앞에서
시가전 전개.

5월 22일(목요일, 맑음) 9시

도청광장과 금남로에 시민들
집결.

5월 22일 10시 30분

군용헬기 공중선회하며
'폭도들에게 알린다'는 내용의
전단 살포.

5월 22일 13시 30분

시민수습위 대표 8명이 상무대
계엄분소 방문, 7개항의 수습안
전달.

5월 22일 15시 58분

시체 18구를 도청광장에 안치한
채 시민대회 개최.

5월 21일 14시 35분

시민들이
아시아자동차공장에서
군용트럭, 장갑차 수십대 획득.

5월 21일 14시 40분

시민들이 지원동 탄약고에서
TNT 입수.

5월 21일 16시 43분

학생들, 전남대병원 옥상에
기관총(LMG) 2대 설치.

5월 21일 17시 30분

공수부대, 도청에서
조선대학교로 철수.

5월 22일 11시 25분

적십자병원 헌혈차와 시위대
지프가 돌아다니며 시민들에게
헌혈 참여 호소.

5월 22일 12시

도청 옥상의 태극기가 검은
리본과 함께 반기 게양.

5월 22일 17시 18분

수습위 대표, 상무대 방문결과
보고.

5월 22일 17시 40분

도청광장에 시체 23구 도착.

1980년

5월 22일 21시 30분

박충훈 신임국무총리, '광주는 치안 부재상태'라고 방송

5월 23일(금요일, 맑고 한때 흐림) 8시

학생들, 시민들 금남로 일대 등 자발적 청소.

5월 23일 11시 45분

도청과 도청광장 주변에 사망자 명단과 인상착의 벽보 게시.

5월 23일 13시

지원동 주남마을 앞에서 공수부대가 소형버스에 총격, 승객 18명 중 17명 사망. 이때 부상당한 2명을 주남마을 뒷산으로 끌고 가 살해. 이곳에 묻혀 있던 시신은 5·18 직후 주민의 신고로 발굴됨.

5월 24일(토요일, 오후에 비) 13시 20분

공수부대, 원제마을 저수지에서 수영하던 소년들에게 사격, 중학교 1학년이었던 방광범 좌측머리에 총탄 관통되어 사망.

5월 24일 14시 20분

송암동서 퇴각하던 공수부대와 잠복해 있던 전교사부대 간의 오인 총격전 발생, 이후 화풀이로 인근 무고한 주민들을 다수 살상.

5월 25일 15시

제3차 민주수호 범시민 궐기대회.

5월 25일 17시

재야 민주인사들, 김성용 신부의 4개항 수습안 만장일치 채택.

5월 23일 10시

시민 5만여명이 도청광장에서 집회.

5월 23일 10시 15분

학생수습위에서 자체 특공대 조직해 총기 회수작업 시작.

5월 23일 15시

제1차 범시민 궐기대회 개최, 계엄사의 경고문 전단이 시내 전역에 배포됨.

5월 23일 19시 40분

최초 석방자 33명 도청광장에 도착.

5월 24일 14시 50분

제2차 민주수호 범시민 궐기대회.

5월 25일(일요일, 비) 11시

김수환 추기경, 메시지와 함께 광주항쟁 구호대책비 1천만원 전달.

5월 25일 21시 10분

학생수습대책위원들, 범죄 예방과 식량, 청소 문제 등 논의.

5월 26일(월요일, 아침 한때 비) 5시 20분

계엄군, 화정동 쪽에서 농촌진흥원 앞까지 진출.

1980년

5월 26일 8시

시민수습대책위원들, 계엄군의 시내진입 저지를 위해 '죽음의 행진' 감행.

5월 26일 10시

제4차 민주수호 범시민 궐기대회.

5월 26일 17시

학생수습위원회 대변인 윤상원, 외신기자들에게 광주 상황 브리핑.

5월 26일 19시 10분

시민군, '계엄군이 오늘밤 침공할 가능성이 크다'고 공식 발표, 어린 학생들과 여성들 귀가시킴.

5월 27일 4시

도청 주변 완전 포위, 금남로에서 시가전 전개.

5월 27일 4시 10분

계엄군 특공대, 도청 안에 있던 시민군에게 사격.

5월 27일 7시

3·7·11공수부대, 20사단에 도청 인계.

5월 27일 8시 50분

광주시내 전화 통화 재개.

5월 26일 14시	5월 26일 15시
학생수습위원회, 광주시장에게 생필품 보급 등 8개항 요구.	제5차 민주수호 범시민 궐기대회.

5월 26일 24시	5월 27일 (화요일, 맑음) 3시
광주시내 전화 일제히 두절.	탱크를 앞세운 계엄군 시내로 진입하기 시작. "계엄군이 쳐들어옵니다 시민 여러분, 우리를 도와주십시오"라고 시내 가두방송.

5월 27일 5시 10분	5월 27일 6시
계엄군, 도청을 비롯한 시내 전역을 장악하고 진압작전 종료.	계엄군, 시민들에게 거리로 나오지 말라고 선무방송.

* 이 연표는 5·18기념재단 홈페이지를 참조해 작성했습니다.

민주주의 역사 공부 2
5·18민주화운동

초판 1쇄 발행 / 2020년 7월 3일

지은이 / 한홍구
펴낸이 / 강일우
책임편집 / 이지영 박주용
조판 / 박아경
펴낸곳 / (주)창비
등록 / 1986년 8월 5일 제85호
주소 / 10881 경기도 파주시 회동길 184
전화 / 031-955-3333
팩시밀리 / 영업 031-955-3399 편집 031-955-3400
홈페이지 / www.changbi.com
전자우편 / nonfic@changbi.com